KEYWORD OUT MANAGEMENT

キーワードアウト経営

株式会社ラッキーアンドカンパニー
望月直樹

JN111226

幻冬舎MC

はじめに

経営者の高齢化を背景に、中小企業の事業継承が活発になっています。後継者は引き継いだ会社を存続・発展させなくてはなりませんが、「失われた30年」という言葉に代表されるように経済の低成長が続いています。大企業を中心に景気回復の兆しが見えてきたとはいえ、中小企業にはまだ厳しい状況が続いているのです。そのような時代では、単に既存の事業を引き継ぐだけでは、会社は衰退してしまいます。

これまでと同じことをやっていても先がないことは理解しているものの、何をどうすればいいのか、何から着手していいのか、変化の激しい社会に対してどう対応していけばいいのか分からないという後継者は少なくありません。先代から事業を継承した経営者は会社を存続させ、発展に導くという大きな経営課題に直面するのです。

私は現在山梨県に本社を構えるジュエリー会社を経営しています。２００４年、29歳の時にリクルートから転職し、３代目の経営者として祖父が創業した会社を継承しました。

しかし1990年代初めのバブル経済崩壊を経てジュエリー業界はすでに斜陽産業の位置づけで、業界内の倒産も相次いでおり、既存事業を継承するだけでは遅かれ早かれ自分の会社も潰れてしまうだろうという危機感がありました。

会社を存続、発展させるための低成長時代の成長戦略として、何か新しいことを始めなくてはいけない——。その試行錯誤の過程で生み出したのが、既存事業に世の中のトレンドのキーワードを組み合わせて新規事業を生み出す「キーワードアウト経営」です。キーワードアウト経営とは、自社の強みに「M&A」や「地方創生」など時代のトレンドを掛け合わせることで、会社が持つ人材やノウハウなどを活かしながら新たな事業を創造するものです。

例えばトレンドである「M&A」と自社のジュエリー事業とを組み合わせた「ジュエリー×M&A」としては、自社がM&Aをするだけでなく、その経験・ノウハウをもとにジュエリー業界のM&Aコンサルティングやマッチングサポートを行う事業部を新設しました。また「ジュエリー×地方創生」では、宝石が山梨の地場産業であることに着目し、ジュエリーの製作工程の見学や手作り体験ができるオープンファクトリーを作ることで観光客を呼び込み売上拡大に成功しました。こうした掛け算の発想で次々と新規事業を生み出し、会社を発展させてきたことで、経営を引き継いでから19年間黒字を出し続けています。

世の中の価値観が移り変わるなか、会社を次代につなぐためにアップデートしていくことは、時代の最先端に立つ後継者が担うべき使命であり、キーワードアウト経営はそのための強力な経営手法なのです。

本書では中小企業の後継者として、どのように「キーワードアウト経営」を取り入れ、会社を発展させるべきかについて、具体的な方法と事例を紹介しています。

後継者の仕事は、先代から会社を受け継ぐことではなく、受け継いだ会社の価値を上げ、次の後継者へバトンを渡すことです。この一冊が、後継者一人ひとりの挑戦と成功、そして会社発展の一助となれば、著者としてこれ以上の喜びはありません。

キーワードアウト経営　目次

［第2章］　時代はプロダクトアウトからキーワードアウトへ
中小企業後継者が取り組むべき「キーワードアウト経営」

［第3章］　世の中のトレンドを事業に融合する
既存事業から新規事業を生み出すポイント

［第1章］

会社を引き継ぐだけでは先はない
会社を存続・発展させるために
後継者はどうあるべきか

令和の時代に事業を継ぐ後継社長の苦悩

日本経済はバブル経済の崩壊、リーマン・ショック、さらには東日本大震災などで「失われた30年」とも呼ばれる長い低成長状態にありましたが、コロナ禍の収束後、ようやく大手・上場企業を中心に景気回復の兆しが見えてきました。

しかし一方で中小企業をみると、景気回復の波はまだ及ばず依然として厳しい状況です。コロナ禍では体力がない中小企業は次々に廃業に追い込まれました。毎年全国で6400～7700件の企業が倒産しており、コロナが収束した2023年はコロナ感染拡大直前を超える8400～8500件ほどになると見込まれています。コロナ禍のゼロ融資もいよいよ返済が始まり、インフレによる物価高や人材不足が重なって資金繰りが厳しくなっている中小企業にとっては、まだまだ苦難の道のりが続いています。

経営環境や市場は急激に変化しており、特にオーナー系中小企業の後継者は会社を発展させるどころか、維持することすら容易ではありません。少子高齢化や人口減少、グローバル化やＤＸ（デジタルトランスフォーメーション）への対応などさまざまな要因によっ

［図１］　月別の倒産件数推移

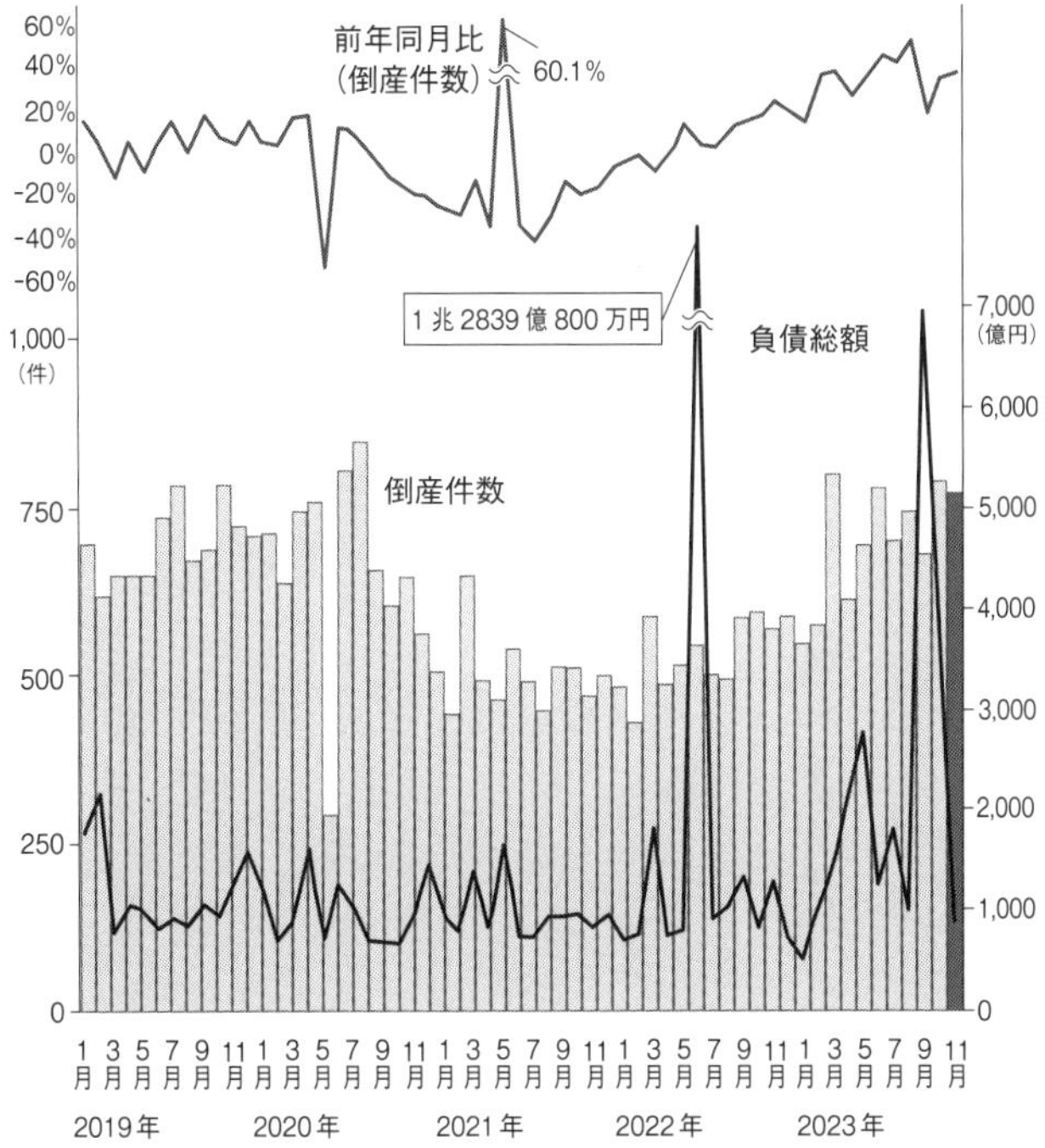

帝国データバンク「全国企業倒産集計2023年11月報」を基に作成

て起こる産業構造への変化に合わせた事業転換が後手に回れば、右肩上がりだった先代の時代とは異なり、一気に経営危機にひんする可能性もあります。時代に合わせた事業を展開していかなくては、会社は衰退してしまうということは、ほとんどの後継社長が理解しているはずです。

しかし何か新しい事業で活路を見いだしたいと思っても、先代社長の父から事業を継承したばかりの新米社長には何をしたらいいのかもよく分からず、社員たちはこれまでの成功体験から、ともに手を取って改革を進めましょう、という空気にはなかなかなりません。また、自分に経営を任せたはずの先代社長でさえ、ことあるごとに経営に口出しをしてきたり、何か新しいことを始めようとするとすぐに否定してきたりと、自分の味方であるとは限らないのです。

時代に合わせて会社も変化させなくては生き残れない時代

後継者が会社を継ぐ際、引き継ぐ会社にこれまで事業がうまくいっていたという成功体験があればあるほど、業態を変えたり新たな市場開拓をしたりするのは非常に困難です。

私は山梨県に本社を構えるジュエリー加工会社の3代目社長を務めています。私が引き継いだ会社は、先々代にあたる祖父が印章の製造販売会社として創業しました。その後私の父がジュエリー加工業に事業を変更し、多くの日本企業がそうだったように、戦後復興、高度経済成長の波に乗って事業を順調に拡大させました。

しかしバブル経済崩壊以降、日本経済は勢いを失い、モノやサービスが売れない時代が続いていました。

父の時代に会社の経営を支えていた大手メーカー向けのジュエリー加工卸業は、じわじわと売上が下がり始めていました。業界全体を見渡してもバブル崩壊後の世界的な不況のなか、ぜいたく品である宝石類は売上が減少を続けており、大手ジュエリーメーカーの倒産が相次いでいました。ジュエリー市場全体が急激に縮小していたのです。ジュエリー業界は、1991年には3兆円産業でしたが、2009年には1兆円を切るほどに急激に縮小していました。メーカーが仕入れなければならない地金は1990年に1g1100円でしたが、2023年には1g1万円と10倍になり、商品に価格転嫁できずに私たちの同業他社でも倒産が相次ぎました。業界全体でも大手ジュエリーメーカーの売上が落ち込み、1997年にはココ山岡、2014年にはジュエリーマキといった大手をはじめ、宝飾店の経営破綻が相次ぎました。父の社長時代にはジュエリー業界はすでに転換期を迎えていたのです。

私が先代である父から会社を引き継いだ当時は、大手ジュエリーメーカーブランドの商品を生産するモデル、いわゆるＯＥＭ（他社ブランドの製品を製造すること）による加工卸業の売上が100％でした。当時すでにジュエリー業界全体の市場は縮小傾向でしたから、いくら受注先を増やし売上を維持できたとしても、同じことをしているだけでは長期的に会社を継続させていくことは難しいだろうと私は考えました。

しかし、かつて会社を発展させてきたビジネスモデルを現在の社会情勢に合わせて転換しようとしても、会社の成長期を知る古株の社員は、その成功体験から現状を維持すべきだという考えが強く、なかなか変化に対応しようという気にはなってくれませんでした。

また引き継ぐ前からいた社員だけでなく、父も私の経営改革には否定的でした。今まで大丈夫だったんだから、これからも大丈夫だろう。そう言う楽観主義者に、将来来るかもしれない危機について話しても、聞く耳を持ってはくれません。それどころか、しつこく言い続けた結果、「私のやり方の何が悪い」と、衝突が起きてしまいました。売上を上げたいという思いはお互いに同じです。しかし時代が変われば売上を上げるための方法は変わります。それを伝えたかっただけなのに、何も知らない息子が自分のやってきたことを否定していると受け取ったのです。

それでも本業は維持しながらでも、新たな事業分野の創出は必須でした。そのためには現状維持ではなく、新しい商品やサービス、もしくは市場開拓を目指してさまざまなことにチャレンジしていかなければなりません。また次の世代に会社を継いでいくためにも、それは必要なことでした。

家族経営が変革の足かせに

事業継承の約半数は家族内継承といわれていますが、オーナー系の中小企業にはもちろん良い側面もあります。そのメリットのひとつには、家族だからこそできるスムーズな意思の疎通があります。一緒にいる時間が長い家族だからこそ、何も言わなくても分かってくれる。阿吽《あうん》の呼吸で言いたいことが伝わり素早い経営判断ができることです。

しかし、これが事業継承となると裏目に出てしまうことがあります。ファミリービジネスだと外部からのアドバイスが届かなくなり、経営方針も大きく変わらないということが起こりがちです。その結果、昨今の激しい社会の変化においては、ビジネスは変革を求められることがほとんどなのにもかかわらず、先代社長の威光が強ければ強いほど、時代遅れな会社になってしまうのです。事業継承によって改革を目指す若手の新人社長が理想を実現しようとしても、そうした組織ではなかなか受け入れられない体質になってしまっています。

一番の壁は、先代が社長を譲ったにもかかわらず、あれこれ口出ししてくるケースです。私の知っている範囲でも、表向きはうまく事業継承したように見えながら、実は先代の口出しに嫌気がさし、会社を去ってしまったり、株式を引き継いだ途端に会社を売却してしまったりする後継者もいます。

先代である親が後継者を子どもとして扱ってしまい、結果的に後継者の足を引っ張っているというケースもあります。周りから見れば甘やかしているように見える状況は、当然ながら周囲の反感を買いかねません。何か成果を出しても、親の支援があるからだと思われてしまい、正当な評価につながらない可能性があります。

もう一つの大きな壁が、すでにいる社員との関係構築です。後継社長は、先代から会社の組織や社員、取引先などをそのまま引き継ぎます。後継社長はそうした以前からある組織やネットワークにあとから入ってきた新参者です。皆と波長が合うかどうか分かりませんし、うまく折り合いをつけられるのかも最初は自信がないでしょう。そのような状況で、後継社長が会社を改革しようとしても、先代のやり方にしがみつく社員たちの反発を買い、なかなか思うように進まないことが往々にして起こります。

ただでさえ、後継社長というのは気苦労の多い立場です。先代社長が優秀であればあるほど比較され、引き継ぐ前からいた社員をはじめとした社内の実力者からの信頼を勝ち取らなければなりません。

特に、長年にわたって先代社長と苦労を重ねてきた社員との関係構築は、一筋縄ではいきません。後継社長が新しい方針を打ち出そうとすると、社員はしばしば、「創業者の理念ややり方に反している」などと反発します。そうした社員は社内で大きな権力を握っていることが多く、年齢やキャリアなどの面で劣る後継社長にとっては目の上のたんこぶのようなものです。

このように先代社長や引き継ぐ前から所属している社員が足かせとなり、後継社長は改革も断行できず中途半端になり、思うような結果が出せなければ、せっかく継いだ会社もたちまち倒産の憂き目を見てしまいかねません。

中小企業の事業継承は難しい

時代に合わせた事業を取り入れなければ会社の存続は難しいということは、多くの後継社長たちは理解しています。とはいえ会社の屋台骨を支えてきた本業から完全に転換して新事業を始めるのはあまり現実的ではありません。まずどのような事業にするのかが難しい問題であり、時間も資金も多く費やさなければなりません。新事業がうまく軌道に乗るという可能性も未知数です。加えて後継社長というのは、社内に大きな力を持っているわけではありません。

会社を創業し、発展させてきた創業社長は、自らの仕事の進め方について強い自信を持っています。社員たちもその手腕を信頼して、社長に従いともに仕事に取り組み社会の激動期を生き抜いてきました。一方、創業社長から会社を継いだ新社長は、その時点ですでに会社の組織が出来上がり、ビジネスモデルも確立されている状況なのです。いくら新事業を提案しても「後継社長の手腕は未知数。資金やリソースを消費して新事業の立ち上げを任せても大丈夫なのか?」と、最初から先代や社員たちの信頼を得るのは難しいものです。

その結果、後継社長のなかには、社長とは名ばかりで先代社長に命じられたことを受け入れざるを得ない人が珍しくありません。

後継者に必要なのは本業を尊重しながら新規事業を起こすこと

私が継いだジュエリー加工卸業を営む会社も、1937年に先々代の祖父が立ち上げ、父に継がれてこれまで事業を維持してきた会社です。しかし縮小を続けるジュエリー業界にあってこれまでと変わらぬ事業のやり方を貫いても、生き残っていくのが難しいのは間違いありませんでした。やはり何かしらの改革をする必要性はあると思いました。

かといって先代や社員たちの考えや既存の事業を一気に変えるのも難しいのは分かって

いました。そこで私が考えたのは、一気に会社の事業を改革するのではなく、コツコツと小さな事業を成功させて実績を積み、先代や社員たちに納得してもらうように仕向けていくことでした。ただしその際、本業とかけ離れたまったく新しい事業をいきなり立ち上げるのも難しいと思っていました。

私は、ジュエリー事業そのものを否定したいわけではありませんでした。我が社はあくまでもジュエリーを扱う会社であり、そのうえで何ができるかを考えたのです。つまり、新規事業は立ち上げるけれども、仕入れ先や加工技術、流通ルートなどの経営基盤はしっかり受け継ごうという考えです。それは後継者として当然のことです。まったく新しいことをしたいのであれば、会社を継ぐのではなくベンチャー企業を立ち上げればよいのです。

また、今の事業の否定は、これまで働いてきた社員を否定することにもつながります。どんなに新規事業の大切さを訴えても、これまで自分たちがやってきたことを否定しているように取られては、社員はついてきません。今いる社員から一定の理解や協力をしてもらえるようにしつつ、いかに低コストで新規事業に乗り出すかが大事であると、私は考えていました。

新しいことは過去の否定から始まると言って自社の事業とまったく関係のないジャンルの事業を立ち上げて失敗する後継者が数多くいます。私はそうした後継者を目にしたり、人づてに聞いたりするごとに、失敗するのは前を否定するからだと思っていました。前を否定するのではなく受け入れる、そしてそれを基盤に自社の得意な分野で新しい事業を立ち上げる。これこそ自分が後継社長として取り組むべき経営だと感じていたのです。

［第2章］

時代はプロダクトアウトから
キーワードアウトへ
中小企業後継者が取り組むべき
「キーワードアウト経営」

小さな実績を積むことから

先代から会社を受け継いだ私は、すでに古くなっていた先代の事業を見直し、今の時代に合わせたビジネスモデルを打ち立てる必要性を感じていました。そうしなければ縮小するばかりのジュエリー市場では生き残ることはできず、さらに会社を発展させることもできないと確信していました。

先代が成功させて維持してきた会社を継ぐ重圧をはねのけて、旧態依然としたビジネスモデルを時代に合わせて変革し、それまで以上に売上を伸ばしていくにはどうすればいいか。散々考えた末に、いきなり会社の大黒柱の事業を一新するのではなく、自分の強みを活かした分野から小さな新規事業を数多く立ち上げ、着実に成功を収めていくことにしました。実績を積むことで自分自身の説得力を強くしていくのが目的でした。

最初に取り組んだのが、ジュエリーのＥＣ（電子商取引）事業でした。卸から一般向け販売、つまりＢ toＣへの進出です。ＥＣであれば、立ち上げの資金も人材も少なくて済みます。万が一失敗して撤退したとしても、父から継いだ本業の大きな痛手にはなりません。その後もジュエリー加工卸のＯＥＭはそのままにＥＣ関連業務を拡大していき、結果的に会社の売上は右肩上がり、売上に占める既存のＯＥＭの構成比は４割になり、新規のＢtoＣ事業で６割を稼ぐようになりました。

この改革を一気に実現しようとしていたら、大きな摩擦や衝突が起こったはずです。また、自分の焦りから失敗を生んでしまった可能性もあります。そうではなく本業とは別に遠いところで新規事業を積み上げ、小さな成功体験を重ねるうちに、大きなうねりになりました。

私はジュエリー市場の衰退を受けて、事業そのものを転換させたわけではなく、あくまでもジュエリー加工卸業として何ができるかを考えました。仕入れ先や加工技術、流通ルートなどの経営資源はしっかりと受け継ぎながら、社内に新たなベンチャー企業を立ち上げた形です。過去は否定せずに、周辺事業としてアップグレードしたこのスタイルが、既存事業に世の中のトレンドのキーワードを組み合わせて新規事業を生み出す「キーワードアウト経営」につながっていきました。

プロダクトアウトの時代は終わった

新規事業の立ち上げで重要なのが、社会の流行やマーケットの動向を注視することです。流行や市場には消費者心理が反映されているため、それらを通じて世の中のニーズは何かを分析することで、消費者の心をつかみ、事業を成功に導くことができるのです。仮に業界内で完結するBtoBビジネスであっても、市場の動向や世の中の流行を追うことは経営の基本といえます。

1955~1973年の高度経済成長期は、「物を作れば売れる」という時代でした。良い製品を作れば作るだけ売れ、大量生産・大量消費が進みました。いわゆる「プロダクトアウト」の時代です。

しかし1973年の第一次オイルショックを契機として、1974年に実質経済成長率がマイナスに転じます。1970年代半ば以降、市場の成熟化・飽和化と技術の高度化

（製品の長寿化など）によって、さまざまな業界で供給過剰に陥ります。

転機はバブル経済が崩壊した１９９０年代の平成不況期です。供給過剰で「良いものでも売れない」事態が深刻化するなか、顧客の視点やニーズを重視しようとするマーケットインの発想が広がっていきます。

企業が自社の技術や商品開発力に基づいて商品を企画、生産して世に送り出すプロダクトアウトに対し、顧客の声や要望を聞き、その解決策になる商品を市場に届けるのがマーケットインです。ユーザーのニーズに応え、商品やサービスをつくるマーケットインは、現在多くの企業が取り組んでいます。

しかし、私は会社を継ぐことが決まったときから、マーケットインよりもさらに消費者のニーズに応え、プロダクトアウトのように自社の作りたいものを世の中に出せる方法はないだろうかと考えていました。そして着目したのが「検索キーワード」でした。

検索されている物を売らないと儲からない

世の中の流行や消費者のニーズが端的に表れているのが、インターネット上の「検索キーワード」です。なぜなら現代の消費者の購買行動において、「検索」が重要な役割を担っているからです。インターネットが普及し、いつでもどこでも商品についての情報が得られるようになった現代では、商品購入を検討する前に、まず検索するのが当たり前になっています。

以前よく使われていたマーケティング理論に「ＡＩＤＭＡ（アイドマ）」というものがありました。ＡＩＤＭＡとは、１９２０年代に広告の実務書の著作者であるサミュエル・ローランド・ホールが提唱した購買行動モデルで、Attention（注意）、Interest（興味）、Desire（欲求）、Memory（記憶）、Action（行動）の頭文字をとっています。

Attention：気づく
Interest：興味を持つ
Desire：欲しがる
Memory：記憶に残る

［図２］　購買行動モデル AIDMA

カイロスマーケティング株式会社 マケフリを基に作成

Action：行動を起こす

このＡＩＤＭＡは、消費者が商品を発見し購入するまでのプロセスとして、広告などで商品の存在を知り、欲しいと思ったら買うという極めてシンプルな購買行動のパターンを示しています。インターネット出現以前の時代では、確かにこのモデルで十分でした。

しかし、インターネットの普及によって、消費者が自ら情報を調べたり発信したりできるようになった現代では、消費者の行動としてＡＩＤＭＡモデルが現状に合わなくなってきました。そこで新たにマーケティング業界で盛んに用いられるようになったのが、「ＡＩＳＡＳ（アイサス）」という購買行動モデルです。Attention（注意）、Interest（興味）、Search（検索）、Action（行動）、Share（共有）の頭文字をとっています。

［図３］　購買行動モデルAISAS

カイロスマーケティング株式会社　マケフリを基に作成

ＡＩＳＡＳとは、インターネット上での通販、すなわちＥＣも含めた購買行動モデルです。Attention（注意）とInterest（興味）、Action（行動）はＡＩＤＭＡと同じなのですが、DesireがSearch（検索）に、MemoryがShare（共有）に置き換わったところに特徴があります。商品やサービスに興味を持った消費者はまずネットで検索を行います。そして、アマゾンなどの通販サイトで高い評価が付いていれば即座に購入します。記憶に残して検討する前に買ってしまうのです。そして、利用後の感想をＳＮＳで共有します。

従来、消費者の注意を引くのは広告でしたが、ＳＮＳなどで個人の感想が共有できるようになると、それらも消費者の関心を集め、商品やサービスへの興味を高める材料となりました。むしろ現代ではそれらのＳＮＳ上の感想のほうが購買行動の起点として大きな力を持っていると言っても過言ではありません。この口コミで注意すべきは、よかった感想もダメだった感想もどちらも共有され、あっ

［図4］　購買行動モデル DECAX

カイロスマーケティング株式会社 マケフリを基に作成

という間に拡散されてしまうことです。消費者へのアプローチにはSNS戦略が重要な位置を占めますが、話題になってバズることもあれば、ネガティブな感想で炎上するということもあります。

最近では、AISASからもう一段階進み「DECAX（デキャックス）」も注目され始めています。DECAXは、Discovery（発見）、Engage（関係）、Check（確認）、Action（行動）、Experience（体験と共有）の頭文字をとったものです。Engageとは、その商品や企業がどのような背景に基づいているのかを調べ自分との関係性を深めるもので、より商品のストーリー性やコンテンツ性を求められるようになってきています。

このようにしてインターネットで商品やサービスに興味をもった消費者は、ネットで検索をし、そのまま購入まで行います。裏を返

［図５］「ヒラキ　上履き」で検索するとこれだけ多数の検索ワード候補が出てくる

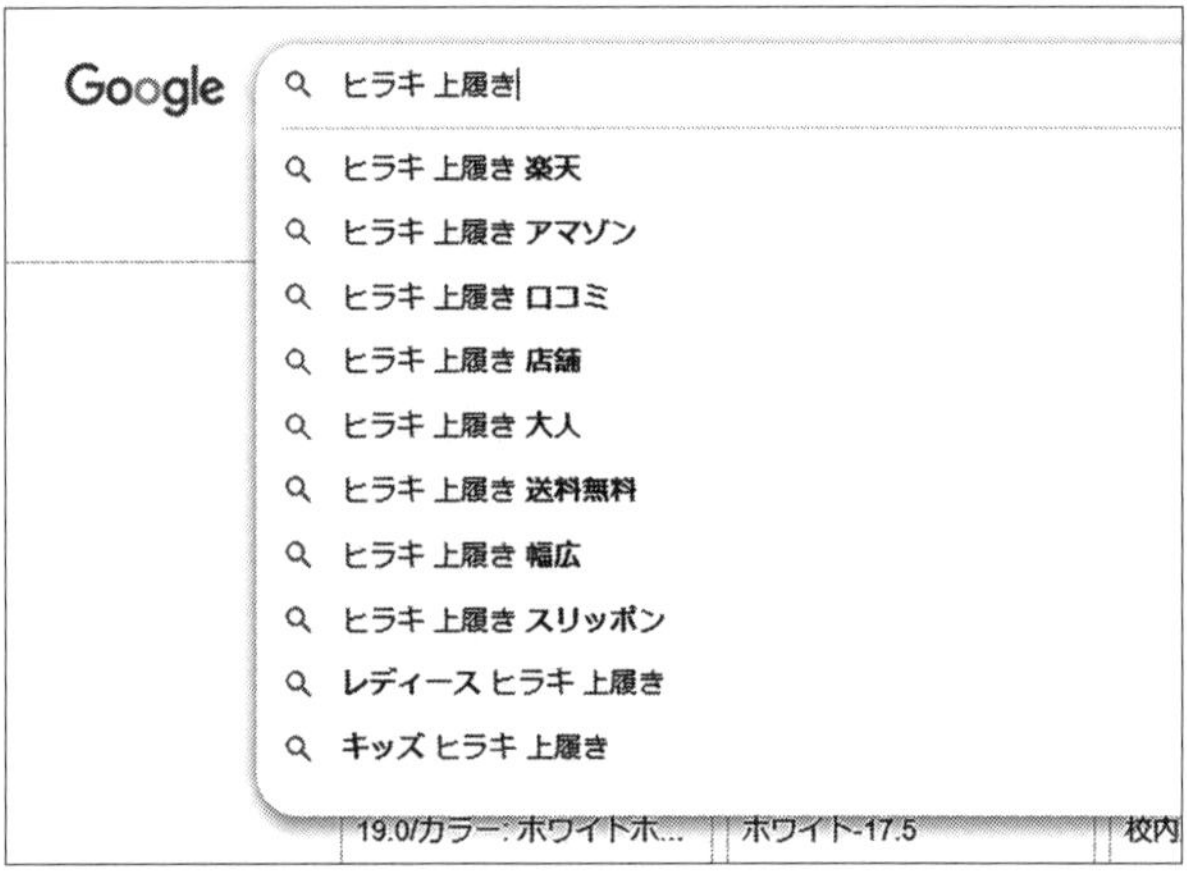

せばインターネットで検索されていないものは売れない時代だということです。私の会社がECサイトで売上を伸ばしている理由も、そうしたキーワード、すなわち顧客の声をしっかりと把握し、本当に求められている商品を販売しているからなのです。

検索をうまく利益につなげた例として、靴のメーカーであるヒラキを挙げることができます。ヒラキは、世の中で「安い 上履き」というキーワードが検索されていることに着目し、徹底的に価格を抑えた上履きを開発しました。それによって安い上履きを求めていた消費者層を見事に取り込むことに成功し、上履きの売上を大幅に伸ばしました。今では「上履きヒラキ」が一つのキーワードとして検索されるまでになりました。世の中のトレンドを押さえたことで、「安くて質のよい靴屋（さん）」というイメージが定着し、会社のブランド構築にまで貢献したのです。

私の会社ではジュエリーを製造・販売していますが、ジュエリーと聞いて想像する商品は一人ひとり違います。基本的には身につけるものですが、つける部位や目的によって商品ジャンルは多岐にわたります。

例えば、首周りのジュエリー商品にはネックレス、チョーカー、ペンダントなどがあります。耳周りのジュエリーには、ピアスやイヤリング、イヤーカフなどがあります。指周りのジュエリーといえば指輪ですが、それにも種類がいろいろあります。一般的な指輪（リング）は薬指や人差し指、中指などの根元につけます。普段のアクセサリーから婚約、結婚指輪まで、単にリングという場合はこの形態を指します。これに加えて、小指につけるものはピンキー（英語で小指を意味する）リング、手の指の第一関節と第二関節の間にはめるファランジ（英語で指の骨を意味する）リングというものもあります。指輪だけでこれだけ種類があるのに、腕につけるブレスレットやバングルなどもあります。ブローチ、コサージュといったアクセサリー小物、腕時計にもジュエリーが使われています。

このように商品の種類が多い場合は、さらにカテゴリーを分けて、世の中の人がどんな検索キーワードで調べているのかをしっかりと分析し、商品開発をすべきです。ジュエリーという分野でいえば、「へそピアス」などが意外とよく検索されていることにも驚きました。自社商品に近いものであったにもかかわらず、まったく存在に気がついていなかったのです。自分の頭では追いつかなかった顧客の需要が、検索キーワードには隠れていることを表していると思います。

インターネットで物を買う時代だからこそ、検索キーワードに着目してビジネスを行うのが効果的といえます。

どんなキーワードが検索されているのかは、大きなカテゴリーから小さなカテゴリーまで分析します。私の会社を例にとると、大きなカテゴリーが「ジュエリー」です。これはたくさんの人が検索していますが、大きすぎてコンバージョン（購入率）がよくないです。そこで、大カテゴリーから、小さなカテゴリーまで何が検索されているのか調べることが大切です。

インターネットビジネスの世界、あるいはネット取引のウエイトが高まっている商品市場においては、どんなによい商品を世に送り出しても、検索してもらえなければ認知されないと言っても大げさではありません。時にはネガティブな検索もありますが、キーワード検索されているということは世間から注目されているわけで、需要があるものを作るというのはマーケットインの考え方でもあります。

特定の消費行動を狙ってこちらからアプローチするのではなく、トレンドワードから逆算して商品を投入するマーケットインが主流になる時代を先取りし、インターネットの検索キーワードに着目したのも「キーワードアウト経営」の一側面であり、中小企業が事業転換によって生き残る糸口になると考えています。

新規事業を起こすための「キーワードアウト経営」

インターネットで検索されたキーワードから市場動向をつかみ、消費者の購買行動に対応した商品、サービスを投入するとともに、既存事業に世の中のトレンドワードを組み合わせて新規事業を生み出すのが「キーワードアウト経営」です。

両者の手法の違いを誕生日プレゼントの買い方で比べてみることにします。AさんとBさんが、共通の友人Cさんの誕生日にそれぞれサプライズでプレゼントを渡したいと考えました。サプライズですから、何が欲しいかCさんに面と向かって聞くわけにはいきません。そこで2人が考えたのは、次の方法です。

Aさん＝Cさんの普段の言動から欲しそうなものを想像する
Bさん＝CさんのSNSの投稿から欲しがっているものを調べる

どちらがCさんの喜ぶプレゼントを用意できるかは容易に想像がつくはずです。普段の言動には、必ずしも個人の欲求は含まれていません。それに対して、ＳＮＳの投稿には個人の願望や調べているものが投影されやすく、まさにニーズの宝庫です。Ｂさんが行ったものこそ、キーワードアウト経営型のリサーチ手法です。

中小企業の後継者がキーワードアウト経営に取り組むべき理由は、中小企業の後継者こそ、時代の変化をしっかりとらえて会社に新しい価値を取り入れていく必要があるからです。

検索キーワードに着目した経営をするということは、世の中の要求にきちんと向き合うことで成り立つということです。ＡＩ（人工知能。コンピューターがデータをもとに推論や判断などできるようになる技術）やＮＦＴ（非代替性トークン＝資産価値のあるデジタルデータ）の言葉も単なるトレンドではなく、消費者を理解するキーワードだと反応し、会社を動かしていかないと時代の荒波には乗っていくことはできないと感じています。ＥＣやＤＸも、自分の会社には関係ないと背を向けて一線を引いてしまえば、社会に対して価値提供する機会を逃してしまうことになります。

経営者というのは、自社の商品やサービスを通じて世の中に価値を提供する社会的使命があると私は考えます。特に若い中小企業後継者には、事業を継ぐだけでなく、ぜひ、世の中のトレンドに対応した新しい取り組みを始めてほしいと思います。

主力事業とトレンドワードを掛け合わせる

ただ、トレンドならば何でも取り入れればよいというものではなく、あくまでも自社の経営の主力にしたい商品やサービスに、トレンドワードを掛け合わせる視点が必要です。時代の動きをとらえ、自社で何ができるか洗い出してから、時間や資金などリソースもしっかりと計算したうえで、新規事業に取り組みます。

エネルギーや環境というワードも昨今のトレンドですが、私の会社では強みであるジュエリーとの掛け合わせについて分析し冷静に考えたうえで、相乗効果が見込めないと判断して取り入れるのを見送りました。

はやっていて儲かりそうだからやるのではなく、自社のコア技術や主力事業、理念などと効果的に掛け合わせられるかどうかを検討します。変化の激しい時代だからこそ、社会にどのような価値を提供したいのかを見極め、本業を軸に新しい価値を生み出すのです。

また、キーワードアウト経営は、販売する物やサービスだけではなく、ビジネスモデルを考えるうえでも役に立ちます。ジュエリー×AIや、ジュエリー×地方創生（少子高齢化や人口の減少対策として地域を活性化させて活力ある日本社会を維持していこうという施策）で何ができるか検討することで、これまでになかった新たな市場を生み出すこともできるのです。

私の会社では、本業のジュエリーとトレンドワードを掛け合わせて新規事業を軌道に乗せることに成功しました。M&A（企業が合併・買収をしてひとつになることで、成長戦略や事業継承の手段として実施される）とジュエリー、DXとジュエリーが、その成功例です。

2025年、日本の中小企業の40％は社長が70歳以上になり、後継者問題が社会問題化しています。そうしたなか、M&Aが注目のキーワードになっています。また、政府もM&Aに対して、支援推進し補助金を出すまでになっています。

M&Aによる企業や事業の買収・統合は、現代の企業経営においてトレンドの一つですが、新規事業を立ち上げる際に必要なリソースを外部から手に入れるのに有効です。私はジュエリーを作る技術に対して、自社には小売業のノウハウがないと分析し、M&Aをすることで一から育てるよりも低コストで小売事業を立ち上げられると考えました。そこでM&Aで小売店2社を買収し、ジュエリーの小売事業にスピーディーに乗り出すことに成功しました。また、社内にM&A専門の事業部を設置し、M&Aを行ううえで必要な手続きが社内で完結できる仕組みを構築しました。

DXとジュエリーでは、国内ECや海外ECを強化し、自社サイトの来訪者に売り込むPULL型営業やリモート商談のサイクルを確立しました。工場の様子を配信して消費者の購買意欲に訴求したり、チャット機能を使って顧客との距離感を縮めたりと、SNSツールの強みをフルに活用したマーケティングにも成功しています。

このように、流行をしっかりと見定め、本業と掛け合わせることで、最小限のコストで最大限の価値を生み出すことが可能となります。

消費者の年代セグメントを横断するマーケット手法としても有効

私が会社を継いだ頃は、ジュエリーなどの客単価が高い商品はネットでは売れないだろうといわれていました。当時はジュエリーといえば専門店やデパートの宝飾品売り場で接客を受けながら買うのが当たり前でしたが、今では結婚式のブライダルリングでさえネットで買うことが珍しくなくなっています。「婚約指輪は給料の3カ月分」という言葉もあるくらい高価で、基本的には一生大切にする前提のものですら、スマートフォンやパソコンから簡単に購入する時代なのです。

ただ、必ずしもネット販売が最適というわけではなく、対象とする顧客層によって販売手法を検討することは最低限必要です。私の会社も、強みともいえますが顧客層が幅広いためECサイトでの販売からテレビ通販、百貨店などに対応しています。対象の年齢は、百貨店なら70代、80代、テレビ通販であれば、50代、60代、ECは50代以下とセグメント分けがされています。世代に合わせたアプローチ手法は残しています。

一方で、それぞれのマーケットで世代交代は進んでいます。かつては50代以下しか利用しなかったＥＣも、今は60代が使いこなすようになりました。テレビ通販や百貨店の催事を中心に利用している世代は、先細りが予想されます。私の会社の現在の売上構成は、ネット販売が30％、店舗が30％、卸売ＯＥＭ業が30％ですが、時代とともに変化していくことは確実で、その見極めが重要です。

その点、キーワードアウト経営では、取り上げるトレンド次第であえて特定の年代をターゲット層にアプローチすることもできますし、逆に全世代を狙うこともできます。検索キーワードやトレンドをすくい上げた商品やサービスの開発・提供を行うため、マーケットの世代交代にも柔軟に対応することができるという利点があります。消費者の年代に依存しない横断的な経営手法であるがゆえに、時代の変化についていくことができるのです。

小さく積み上げ新規事業を立ち上げる

キーワードアウト経営では、自社の経営基盤をうまく活用して、低コストで新規事業を立ち上げることが大切です。ただし、せっかく新規事業と銘打っても、本質が本業の延長でしかないのであれば、結果的に同じことをやっているに等しいということになりかねません。

とはいえ、新しい事業をゼロから作るのはお金も時間もかかり、非現実的です。そのため、今あるリソースを最大限活かし、自由に事業展開していくにはどうすればいいかを考えることになります。ここで有効なのが、本業的にも市場的にも、ニッチ（すき間）を狙うことです。今あるリソースを活用し、小回りの利く範囲で積み上げていくイメージです。

例えば、顧客層を少しずらして商品開発する、テストマーケティングを重ねて改良するというような積み重ねです。これを高速で回転させることで、微修正を重ねながら高みを目指すことができます。新規事業のアイデアとしては自社の中でこれまでやりたかったけれどできなかったこと、考えてみたが一気に大きな売上は期待できないとあきらめていたことに着目するのです。

他社ブランドの生産委託を受け供給するＯＥＭ専門メーカーが、自社オリジナル製品の小売をするといったケースもそのような事例の一つです。ＯＥＭ専門メーカーの経営者なら、一度はオリジナル商品の販売を検討したことがあると思います。ただ、資金やアイデア、知見や人材などの不足といった理由で構想が立ち消えになり、日々の経営に追われるうちにその意欲すら消えてしまったという話は枚挙にいとまがありません。

その点、事業継承は新規事業に取り組むことができるベストなタイミングです。新しい経営者が新しい事業を行ううえで、先代社長が果たせなかった夢を引き継いで実現させるということほど、ドラマチックな展開はありません。社内で利害関係を抱える社員も、先代社長を含め自分たちがやりたくても優先順位でできなかったことを実現しようとすることは、応援してくれるはずです。

事業継承による体制の若返りによって、これまで尻込みしていたデジタル化に舵を切ることもできます。ＡＩやＩｏＴを活用したＤＸという高度なレベルでなくても、デジタル技術の導入で経営の効率化や事業革新が可能になります、事業継承のタイミングでメリットを周知させたうえで会社のデジタル化を高らかに宣言すれば、協力しない社員は少ないはずです。その流れでデジタル活用の新規事業に乗り出せばいいのです。

先代社長や会社のレガシーを否定しない

新規事業の立ち上げやデジタル化対応など、新体制で新しいことに着手するにあたって注意しなければいけないのは、既存の社員たちに何ができて何ができないのか、社内のリソースをきちんと確認し、理解することです。そのうえで、既存の事業とバッティングしない分野で、自分にしかできない事業を見つけて展開していくのです。

先代社長や先代時代からの社員が新規事業の阻害要因になると書きましたが、それは創業時からの会社の取り組みや歴史を全否定することではありません。

私は3代目社長に就任して早々、新規事業に乗り出そうとしました。しかし先代社長の父は、まだまだ可能性はあると現状のビジネスの拡大を求めてきました。私は現状のビジネスがあるうちに新規事業を構築することを考えましたが、父は「そう急ぐな」と言い、将来予想される危機について聞く耳を持ってもらえませんでした。

時代や経済状況が変われば会社の収益構造も変わるということを伝えたかったのですが、「私の経営の何が悪いのだ」と一蹴されてしまいました。私はこれまでの経験から自分の経営方針には自信があったため、成功しなかったら責任を取るとまで言って最終的には納得してもらったのですが、特に親子での継承である場合はより一層、「俺のやり方を否定するのか」などと言われてしまい合理的な判断を下すことが難しく、より慎重なコミュニケーションが必要です。

先代との対立は、これまで会社を支えてきた社員との関係にも影響します。どんなに新規事業の大切さを訴えても、自分たちがやってきたことを否定しているとネガティブに受け止められてしまえば、社員はついてきません。


こうしたリスクをまったく理解せずに、新しいことは過去の否定から始まると言わんばかりに、本業とまったく関係のないジャンルの事業を独断で立ち上げて失敗した後継者が数多くいます。失敗の原因は、創業の苦労や喜びも含めた過去の全否定と、それに伴う社内の分断にあります。単なる本業の延長ではダメですが、これまでの取り組みや人材、スキルも取り入れて、それを基盤に新しい事業分野に進出することが事業継承においてはとても大切なのです。

自分の価値を掘り起こす

いきなり会社を継いだり、次期社長として親の会社に入社したりすると、この人はいったいどんな人物なのか、どれくらい仕事ができるのか、お手並み拝見といった感じで社内外問わず注目されます。

私が29歳で会社を継いだ時も、周りからは「3代目のバカ息子」と見られているのだろうと思い、そのイメージを覆すべくさまざまなことに取り組みました。世間ではまことしやかに3代目が会社を潰すという噂が流れます。東京で異業種を経験し、ジュエリーとはまったく関係ないマーケット開拓や企画開発のスキルを身につけて事業を継いだ私は、むしろ逆にそれを強みとして成果を上げてやろうと思いました。期待されていない分だけインパクトも大きいだろうと分析し、それを覆すにはどのようにすればよいか考えました。

だから私は、既存事業ではなく、スキルを活かした新規事業を立ち上げ、勝負しようと決めたのです。

このように、自分の価値を自ら掘り起こし、積極的に新しい領域に挑んでいこうという気概がなければ、後継者という重圧を跳ね返して、ビジネスという戦場で勝ち抜いていくことはできません。後継者はまず経理など無難な部署から始めて仕事を少しずつ覚えていけばよいという考え方を持つ人もいると思いますが、そのような悠長なことをやっていては変動の激しい時代に取り残されます。

後継者はすぐにでも自分の価値を掘り起こし、この分野なら結果を出せるという武器を前段階のキャリアで醸成しておくことが重要です。周囲が何を自分に求めているかを敏感に察知することは、事業や経営に市場の需要を取り込むのと同じです。

外の世界に目を向け、世の中のトレンドに敏感であることが、自身や会社の価値を高めることにつながります。

何がトレンドになるかはGAFAの影響が大きい

トレンドに敏感になるという点で、必ず意識しなくてはならないのがGAFAです。GAFAとは、Google、Amazon、Facebook（現Meta）、Appleの頭文字をとった言葉で、世界を牽引するIT企業の総称です。MicrosoftとShopifyを足して、私はGAFAMSと呼んでいます。情報分野だけでなく、世界のあらゆるビジネスに大きな影響力を持つGAFAは、私たちのビジネスにも深く関わってきています。小売や流通分野に限らず、メーカーでもGAFAの影響下から逃れることはできません。ちなみに、GAFAMSの6社を合わせた時価総額は、日本の東証一部市場の時価総額を軽く超えます（2021年8月時点）。

GAFAをはじめとするIT企業の台頭によって、消費者を取り巻く環境も急激に変化しています。Googleがスマートフォンに搭載したカメラ検索機能（Googleレンズ）は、被写体をインターネット上にある画像と比較することで、似ているものや関連しそうなものを瞬時に判別し、検索結果として表示します。この機能によってショッピングサイトの商品も検索されることから、目に留まったものをカメラで写すだけで買い物さえもできるようになりました。消費者が興味を持ってから購入に至るまでのスピードが圧倒的に速くなっているのです。

今の時代にビジネスを成功に導くには、こうした動きに常にアンテナを張り、消費者にどんな変化が起きるのかを見極めていくことが大切です。

トレンドには新しいヒントが必ずある

トレンドを追うというと、流行に乗っかるだとか、目先の利益を追求するだとか、軽々しい印象を抱いてしまい、ネガティブな思い込みをする人もいると思います。しかし、トレンドの意味を正しく理解すべきだと私は思います。

トレンドとは、一言で言えば世の中の写し鏡です。そこには今の時代に生きる人々が何を考え、何を求め、どのように行動しているのか、さらには世の中を泳いでいくための新しいヒントが必ず映り込んでいます。

「スタートアップ支援」という言葉がありますが、ベンチャー企業や起業家を支援する取り組みには、「融資や補助金・助成金による資金援助」「税制優遇」「規制改革」「事業活動への投資」「セミナーでのノウハウ共有」などさまざまなものがあります。これらは型通りにとらえれば非常に堅苦しい言葉ですが、キーワードを抽出すれば、あらゆることと掛け合わせることができると気づくはずです。

例えば、単にジュエリーデザイナー支援と広告を打つのではなく、「ジュエリーデザイナー・スタートアップ支援」としたら、この会社は若手の独立支援にも力を入れているのか、世の中の流れをしっかりつかんでいるな、などと見え方も変わってくると思います。デザイナーを支援するという行為は同じなのに、トレンドを取り込むことで、社会的に意義のあることをしているように見えるのがキーワードアウト経営なのです。

この取り組みは、私の会社で実際に行っているものです。髙島屋、阪急阪神百貨店と新たなジュエリーブランドの誕生を目指して「ジュエリーブランドスタートアップ支援プロジェクト」を2022年9月27日にスタートし、6ブランドが誕生しました。2023

年11月15日には、第2回「ジュエリーブランドスタートアップ支援プロジェクト」を実施し、ブランド開発を担う意欲のある人材・企業を募集しました。選出された個人、企業に対して私の会社がブランド開発費用を負担するほか、髙島屋・阪急阪神百貨店へのポップアップ出店を目指します。

このプロジェクトの狙いは、ずばり人材の流動化です。さまざまな業界の方にジュエリー業界に携わっていただくことでマーケットを広げる狙いがあります。プロジェクトで採用されれば、個人、企業問わずブランド開発に向けて、百貨店バイヤーから商品開発・プライシングなどのアドバイスを受け、ジュエリー商品開発を行うことができます。商品開発にかかる費用は私の会社が負担します。

ジュエリー業界は、コロナ禍や地金・ダイヤモンド価格の高騰、円安の影響などによって、ニューブランドがマーケットに新規参入しにくくなっています。新しい風が吹き込まなければ、業界全体が斜陽化していくのは必至です。こうしたなかでの新規人材獲得を目指した私の会社のプロジェクトは、Yahoo!ニュースなどのメディアにも大きく取り上げられました。「スタートアップ支援」というトレンドワードを前面に打ち出したことで、発信力を高めることができたのです。

それほどまでに、トレンドの力は大きいのです。商品やサービス開発だけでなく、経営のあり方や社員の働き方の面でも、時代のトレンドをしっかりつかみ、自社で取り入れられる要素はないかじっくりと検討していきます。最近では、業務のＤＸ、女性活躍、多様な働き方支援、副業、地域創生などがテーマです。経営や働き方にトレンドを取り込んでいる企業なのかどうかは、採用にも大きく影響してきます。トレンドをしっかりと追えている企業に入社したいと考える求職者は多くいます。若い世代に入社してもらいたいのであれば、なおのことトレンドをしっかりと把握し、会社の企業価値として取り入れられるかどうかを検討すべきです。それによって若い世代を獲得することができれば、将来的な企業の利益につながります。

そこを理解していない経営者は多いと感じます。これは、広報・ＰＲ活動とも似ている部分があります。ＰＲの基本は、自社が発信したい情報ではなく、メディアが求めている情報を発信することです。それがひいては消費者に注目され、売上を伸ばすことができるのです。ジュエリーブランドスタートアップ支援プロジェクトも、ただ単にデザイナー支援と打ち出すのと、スタートアップと打ち出すのとでは、メディアや世間の反応はかなり違ったと思います。トレンドに対してしっかりアンテナを張り、世間が求める商品やサービスを作り、メディアが求める形で打ち出すことが大切です。

実際にジュエリーブランドスタートアップ支援プロジェクトをリリースした時には100人を超える応募がありました。また、新聞掲載だけでなく、Yahoo!ニュースにも取り上げられました。

そこから6人を選出したのですが、その6人は全員、リリース後すぐに問い合わせしてきた方々です。どこで知ったのか聞いてみると、活字メディアを見てすぐ応募したとのことでした。トレンドに対してアンテナを張っておくことは、チャンスをつかむうえで役に立つのです。

大事なのは、トレンドを取り入れるタイミングや、投資するタイミングを逃さないようにすることです。業界の二番手、三番手になっては意味がありません。1番手になってこそ、世間から注目されて売上を伸ばすことができ、結果的に意味のある投資になります。毎日のように新しい技術が生み出される時代に、時間とお金をかけて新しいことに挑戦するのは、企業の新陳代謝を促すためにも、挑戦しないわけにはいきません。周りから新しいことをやっている企業と認識されれば、ブランディングにもつながりますし、社員の活性化にもつながります。新しいことに挑戦し、それをプレスリリースとして打ち出し、メディアで記事にしてもらえば、社員やその家族も目にします。それは、少なからず社員のモチベーションにつながります。新しいことをやっている会社であることに誇りを持ってもらいながら、業務へのコミットメントを高めてもらうことができるのです。もちろん、社内への影響だけでなく、株主に対するアプローチにもなります。新しいことに挑戦し続け、メディアに取り上げてもらう。このサイクルを繰り返すことで企業価値が高まり、株主からの評価も上がるからです。

時代の流れに身を委ねて、大きな視点で考える

トレンドに振り回されたくないと感じる人もいると思いますが、ＳＮＳの登場によっ

て、たった一人のインフルエンサーが、何十万人、何百万人の消費行動に影響を与えるようになりました。トレンドは時代の流れで、世の中に必要なものやサービスを提供することをなりわいとしている経営者にとって避けては通れないものなのです。

そうであれば、トレンドにあらがうのではなく、素直に時代の流れに身を任せ、確実にその時代に生きる人の思考や行動に沿った経営をするのが得策です。業務のＤＸにしても、面倒だからやらないというのではなく、社内に導入することで効率的になる業務はないか、価値を生むことができる業務はないかを検討してみる姿勢が大切です。その結果、自社はどのように成長し、どのような将来像を描けるのか。時代の流れに身を委ねつつ、大きな視点で自社の今後を考える契機にするのです。

たった一つの情報が、会社を成長させたり潰したりします。お金よりも情報のほうに価値があるのが現代です。世の中で流行しているらしいが自分たちには関係ないなどとそっぽを向くのは経営者として失格で、未来の自分や社員たちの首を絞めることになるのです。

それでもほかの会社を見ていると、ＡＩにしろ、ＤＸにしろ、リスキリングにしろ、社会のトレンドワードに対して自分の会社は関係ないと思っている会社がいかに多いかということを実感します。

自社の強みとトレンドを掛け合わせ発信力を高めれば、ベンチャーキャピタルから投資の話をもちかけられたり、官庁や自治体、ビジネスの世界から問い合わせが来たりと、事業のさまざまな可能性が広がります。

例えば、町の小さなうどん屋さんがＡＩ技術を活用したら話題になると思います。現在最も注目が集まっている技術の一つであるＡＩ技術と小さなうどん屋という掛け合わせの意外性に興味がひかれ、実際にどのように活用しているのか、導入したのはどんな店なのかと知りたい気持ちになるからです。「ＡＩ技術による効率化よりも、導入コストやランニングコストの回収のほうが大変だ。だからうちは関係ない」と言うのは簡単ですが、いくつもの可能性を潰す機会損失のほうが大きいと考えるべきです。そのコストは、直接的な売上だけではなく、未来の企業価値に対する先行投資です。トレンドを取り入れるだけで、企業価値を上げられるメリットがあることをもっと理解してほしいと思います。

自社の強みを理解し、トレンドを追ううえで私が大切にしている考え方が、「従流志不変（じゅうりゅうこころざしふへん）」です。これは「困難なことがあればいったんはその流れに身を任せることがあるかもしれないが、どんなときでも最初に立てた志は絶対に忘れてはいけない」という意味の言葉です。まさにキーワードアウト経営の本質を表す言葉だと考えます。

［第3章］

世の中のトレンドを事業に融合する既存事業から新規事業を生み出すポイント

検索されるキーワードを設定してビジネスを展開

キーワードアウト経営は、世の中のトレンドを表すキーワードと自社の事業の融合ですが、どうやって肝心のキーワードを設定すればよいのかが重要になってきます。

キーワードは、幅広い情報がなるべくバイアスのかかっていない状態で集まっている場所、すなわち公のメディアなどで収集するのがベターな方法です。多くの経営者にとっていちばん手近なのは自身の事業に関連する省庁からの情報発信や、新聞、雑誌だと思います。

省庁からの発信であれば、今後についての有識者会議等の議事録が必ずホームページに掲載されています。また、日本経済新聞や日経MJ、日経ビジネス、週刊ダイヤモンドや週刊東洋経済といった経済新聞や経済雑誌なども有益です。そういったメディアを定期的に購読し、常に情報にアンテナを張り、トレンドを察知して、適したキーワードを見つけていきます。そういったメディアから情報を収集しながら、メモを取ったり、分からない言葉があれば検索をしたりして、概要をつかんでいきます。最近では、これらの新聞や雑誌は電子版が充実しており、スマートフォンやタブレットでどこにいても気軽に購読できます。

ある程度トレンドワードを絞り込んだら、今度は自社の事業を掛け合わせてネット検索してみます。例えば「ジュエリー×ＡＩ」といった具合です。そうすると、その掛け合わせですでに事業が行われているのかいないのか、行われているのならどれくらいの数なのか、ほかの会社はどんなことをやっているのか、そこに新しい技術の活用事例はあるのかということがすぐに分かります。

試しに「ジュエリー　ＡＩ」で検索してみたら、たまたまなのか頭文字がＡＩのジュエリーショップが先頭で検索結果に出てきました。それがトップの検索を占めていることからすると、ジュエリーとＡＩの掛け合わせはまだ少ないようです。しかし、途中からＡＩがオリジナルジュエリーをデザインしてくれるとうたうサービスが少しずつ出てきます。どれも２０２３年下半期以降にアップされた新しい情報（検索は２０２３年12月）ですので、時代の流れとマッチしている印象です。こうした情報に触れるだけでも、新規事業を考えるうえで非常に参考になります。

［図6］　ジュエリーとAIの掛け合わせは少しずつ出始めている

ただし、この時点ではまだ本格的な掛け合わせは行いません。いったん情報収集をしたうえで、候補となり得るキーワードをリスト化します。重要なのは、そのキーワードの検索数やマーケットボリュームなどのデータも一緒にリストアップすることです。そうすることで、どのキーワードを取り上げればどれくらい世の中から注目されるのか、すなわち自社がそのトレンドを取り入れて事業を起こしたあとの波及効果をある程度予測することができるのです。もし、自社の事業と掛け合わせたときの相乗効果やコストが同じく

らいだと予想できるキーワードが複数見つかったなら、当然波及効果が高いほうを選ぶべきです。

もう一つ大切なポイントがスピード感です。どんなに画期的で新味のある掛け合わせでも、もたもたしていたらほかの会社が同じような掛け合わせの事業を始めてしまいます。そうなったらキーワードアウト経営の効力は半減します。なぜなら、自社が一番に事業化して、リリースすることが最も効果的だからです。

リリースとはプレスリリースの略で、簡単にいえば新聞や雑誌、テレビなどへのお知らせです。今度新しい商品を出す、新しい事業を立ち上げたといった情報をいち早く提供することで、記事にしてもらったり、番組に取り上げてもらったりするのです。広告ではないので費用は一切かかりませんが、メディアにとってニュースバリューがあることが大前提です。自社にとっては大きな事業でも、メディアが報道するに足る価値があると判断してもらう必要があります。

同じように、どんなにユニークな事業であっても、最初に事業化した会社しか報道されません。もちろん、継続的な経営努力によって二番手、三番手がのちにマーケットリーダーになることは往々にしてあります。しかしキーワードアウト経営において大事なのは、未踏の地に最初の足跡をしるすイノベーターになることです。そうすれば、経済新聞や経済雑誌に取り上げてもらうことができます。そうしたメディアに最初に記事を掲載してもらうことは、企業としてとてつもないメリットがあります。Ａ（事業）といえばＢ社というイメージが世の中に刷り込まれるからです。しかもその事業は世の中をにぎわせているトレンドワードです。注目されないわけがありません。私がこうして本を上梓することができたのも、さまざまな取り組みが新聞などに取り上げられ、面白いことをやっている経営者だと注目されたからにほかなりません。メディアに取り上げられなければ、ただ単にユニークな経営者として終わっていたはずです。

これこそがキーワードアウト経営の真骨頂です。つまり、自社の企業価値を上げる要因になるのか、実益につながるのかを検討したうえで、掛け合わせるキーワードをチョイスすることが大事なのです。そのためにはスピード感も重要です。もし海外で先行している事例があれば参考にし、国内でも先に取り組んでいる企業があれば協業することも検討材料の一つです。それなら実質的に一番手になれるからです。スピード的にもコスト的にも自社単体で行うより有利です。

もう一つ、トレンドにも過渡期のトレンド、成熟したトレンドなど、さまざまな段階があります。どの段階のトレンドに乗るべきなのかは断言できません。そのトレンドワードをもとにした事業はいち早くリリースすべきですが、トレンド自体の新規性はそこまで大事ではないのです。むしろ、早すぎると誰も知らないという可能性もあります。私自身はトレンドの成長曲線に合わせてキーワードを選ぶよりも、自社のリソースと掛け合わせたらどんな可能性があるか、噛み砕いて言えば自社の事業と組み合わせたらこうなりそうだなと発想がどんどん湧き上がることのほうが重要だと思っています。単にそのキーワードがはやっているから組み合わせるのではなく、事業としての可能性を感じられて、投資価値があると判断できるキーワードと組み合わせるべきです。私はキーワードをリスト化し、俯瞰《ふかん》して見て、思いつく可能性をノートにメモしています。そのように発想をアウトプットしていくほうが、実効性のある新規事業のアイデアにたどり着く確率が高いと感じます。

すでにあるリソースとキーワードをどう掛け合わせるか？

トレンドになっているキーワードを自社のリソースと掛け合わせるためには、自社の強みをきちんと把握しておく必要があります。自社が今のマーケットで生き残っているのであれば、そこにはきちんと理由があるはずです。なぜ今企業として成り立ち、商売ができているのか。それを自覚しておくことで、自社の強みを見つけられます。

私の会社の場合、強みは「ものづくり」であると認識しています。ジュエリーメーカーとして、デザイナー、ＣＡＤディレクター、鋳造機械を操作できるマイスターなど社内の人材が豊富でした。社内でデザインから製造までのものづくりが完結できる点で、他社と差別化できていました。

そういった強みを活かしてジュエリーのＯＥＭ卸業を行っていたわけですが、この強みはメーカーとしても活かすことができる、むしろメーカーを前面に打ち出していくことで、ものづくりという強みが最大化すると考えたのです。

強みを洗い出したうえで、さらにこの強みを活かすことができるキーワードは何かを考えます。例えば、包丁メーカーであれば、強みは切れ味であったり、耐久性であったりします。ほかにも安さ、デザイン、認知度、イメージなどさまざまな強みがあると思います。強みは一つとは限りません。ここにキーワードを掛けていきます。例えばリスキリングという言葉、すなわち学び直しです。それは何かを教わりたいというニーズが世の中にあるということです。変化の激しい昨今では、時代に合わせて従業員がスキルや知識を再習得したり、新たな職業能力を身につけたりすることが求められているからこそ、リスキリングという言葉を選んでみます。

それと包丁を掛け合わせたら何が生まれるのか、思考実験のスタートです。――切れ味が強みであれば、実際に使ってもらうことでその魅力を最大限伝えられるな。では料理を教えたり、包丁の研ぎ方を教えたりしたらどうだろうか。生徒はレシピや生活の知恵を学ぶことができ、かつ自社の包丁の切れ味を実感してもらえるはずだ。これならウィンウィンの状態になるぞ。さらに包丁メーカーがリスキリング事業に乗り出したとなれば新規性もあるため、メディア掲載も狙えるかもしれない。もし包丁などの刃物の産地でメーカー各社が一丸となって取り組めば地域観光の目玉として注目されることもあり得るぞ――このように、従来の顧客との接点としては考えていなかった部分も含めて、自由な発想で模索していくことが重要です。

自社の強みを棚卸ししておく

リソースといってても業種や会社によってさまざまです。ノウハウということもあれば、設備という場合もあります。しかし、どの会社でも共通して持っているのが「人」というリソースです。人的リソースが必ずあるはずです。その中でも特に強みとなるような人的リソースが自社にないか考えてみることをすすめます。例えば、カメラ好きな社員や、教えることが好きな社員、字がきれいな社員、SNSが得意な社員など、個々の社員が持っている知識や技術、ノウハウも強みになります。その辺りのリソースの有無は案外死角になっていることが多いので、この機会に棚卸しをしてみるとよいと思います。

先日、社員会で社員たちがバンドを組んで歌を歌いました。これがまた、とてもうまくてプロ並みでした。もしかしたら、ジュエリーマイスターバンドと名乗ってTikTokやYouTubeに出たらプロモーションになるかもと私は考えました。

別の社員はドローンで社内と社外の画像を撮影した動画を作り、流していました。すぐ、ドローンビジネスを考えるようにその社員に伝えました。

これからの時代、社員の好きを事業にする、社員の得意をビジネスにすることも大切になっていきます。

実はこの人的リソースこそ、GAFAもまねできない強みになる可能性があります。例えば街の大型書店には、本だけでなく本が好きな社員もたくさんいます。その社員のスキルを活かせば、社員の選書サービスなどを行うことができます。実際、書店員のおすすめ本がベストセラーになることもありますし、書店員が選ぶ文学賞もあります。最初に書店員のレコメンドに力を入れようと思ったのがどの書店なのかは分かりませんが、ここまで文化として定着するとは思っていなかったはずです。それでも書籍販売はAmazon一強といわれる時代に、自社の人的リソースを使ってどんなサービスを作っていけるかを考えたことに価値があったのです。そのように、検索を駆使して大量に売るというGAFAの強みに真っ向から対抗するのではなく、それとは真逆の「人」の個性を介することで思いもようない価値を生み出せることも、企業の強みの一つだといえます。つまり、キーワードアウト経営を行う場合、なぜ自社が生き残っているのか、なぜ社会から必要とされているのかを考え、自社の強みを認識することが必要です。

人以外にも、納期がしっかり守れる、パッケージが洗練されている、購入後のアフターフォローがあるなども、当然強みになります。ECサイトでの販売を行う場合、商品の質だけではなく、顧客の手元に届くまでと届いたあとも含めてサービスということになるので、何が強みになるのかは一見分かりません。だからこそ、自社のリソースを網羅的に分析して、ほかの商品やサービスでも活かせる強みがないか、定期的に棚卸しすることが重要なのです。

タテ軸さえブレなければヨコ軸は何を掛け合わせてもOK

ここでキーワードアウト経営を構造的にとらえてみます。実はタテ軸とヨコ軸という非常にシンプルな構造で説明できます。

タテ軸は自社の強みです。創業以来連綿と培ってきた技術や信頼、人がこれにあたります。時間の流れにも関係しますし、屋台骨というイメージを持っていただいてもいいと考えます。まずはこのタテ軸を探すことが基本となります。このタテ軸がブレなければ、何を掛け合わせても強力な新規事業になります。例えばお家騒動でニュースにもなった高級家具店の場合、品質の良い家具や高級家具を販売できることが強みだったはずです。そうした商品を求めている富裕層の顧客データもあったわけですから、現状を否定せず、新規事業として低単価の家具を販売する事業を創出することで、富裕層向けの商品をタテ軸にして、富裕層向けと低単価の事業でマーケットになる世代を広げる新規事業を考えるべきだったのです。タテ軸をブレさせてしまったことによる失敗例だと思います。

一方、ヨコ軸はキーワードです。さまざまな情報源にアンテナを張り巡らせ、トレンドを見極めたうえで抽出したワードを、会社の強みというタテ軸に掛け合わせるのです。キーワードを洗い出す場合は、自社の強みと掛け合わせたら何が生まれる可能性があるのか、どんな活動をすれば事業化できるのか、売上や企業価値を上げることができるかなど、発展性やリスクも含めて可能性を徹底的に考え抜くことが必要です。

タテ軸とヨコ軸を用意したら、それらを掛け合わせます。掛け合わせて何をアウトプットするのかというと、掛け合わせることにより生み出されるメリットです。何がメリットになるかは、売上、利益、企業価値の3つの指標で判断していきます。ジュエリー×AIを例に挙げて説明すると、AIを使うことによるメリットとして次のようなものが挙げられます。

【ジュエリーとAIを組み合わせたときの予想されるメリット】

・AIを使って製品のデザイン案を出すことができる
・AIを使うことで、ものづくりのオペレーションを最適化できる
・AIを使うことで、手間のかかるCADデータの作成を自動化できる
・AIを使うことで、製品販売時の広告写真の編集を自動化できる

オペレーションの最適化やCADデータ作成の自動化ができれば経費削減になり、利益を上げる一助となりそうです。また、AIの画像生成技術でデザイン案を考えるという技術を合わせてプレスリリースを出すことができれば企業価値を上げることもできそうで

す。うまくマスコミの興味をひき、日経新聞に掲載されたり、テレビで報道されたりすれば社員のやりがいにもつながります。これも当然企業価値の向上につながります。

このように、さまざまなメリットを挙げたうえで、実際に売上、利益、企業価値が上がるのかを判断します。なかには効果がすぐ出るケースと出ないケースがあります。中長期的な目線で、事業プロセスを変えることで利益を上げることができないか、企業価値を上げて知名度を上げたら情報が集まってくるのではないかなど、さまざまな角度で考えます。

実際に事業として取り組む際には、ギリギリまで「今やる意味があるのか」ということを考えます。思いついた時はトレンドであっても、事業化の時には時代遅れになっている可能性もあるからです。見切り発車でやってしまおうというのはいいことではありません。何よりキーワードアウト経営は新規性が大事です。古びていると感じたら、躊躇《ちゅうちょ》なく切り捨てることも必要です。

しかし、慎重になりすぎてもよくありません。キーワードが新しすぎるとかユニークすぎるといった消極的な理由で、ヨコ軸の候補から外すのはやめるべきです。これは面白い、自社の強みと掛け合わせれば大きな相乗効果が期待できる、まだまだ時代的に新しいと判断したのなら、あとは迷わず果敢に挑戦すべきです。どんな奇想天外なワードをヨコ軸として掛け合わせても、タテ軸がしっかりしていれば荒唐無稽な事業にはならないはずだからです。だからこそ最初のタテ軸の選定が大事になってくるのです。

強いキーワードがあれば横展開や協業がしやすい

キーワードアウト経営の屋台骨がタテ軸である自社の強みであり、これがしっかりしていればどんなキーワードをヨコ軸に据えても対応できます。では、自社の強みと掛け合わせて価値を生み出すことができたヨコ軸、すなわち強いキーワードにはどのような効果があるのか、ということになります。

それは、横展開や他企業との協業がしやすくなるということです。私は、ジュエリーをタテ軸、M＆Aをヨコ軸にし、小売店をM＆Aすることにしました。実はこのM＆Aが非常に強いキーワードだったのです。というのも、業界を問わず人口の減少による後継者不足などで会社を売りたいという中小企業の経営者が多いにもかかわらず、いざ取り組もうと思っても方法が分からない、相談したくてもふさわしい人が見つからないという状況だったからです。実は、そこにビジネスのタネが眠っているのです。

買ってほしいというジュエリー店の売り手が現れた場合でも、幸い小売事業のM&Aをしてきたことによって、具体的なノウハウは相当自社内に蓄積されていたので直接の交渉ができました。しかも、ジュエリー業界事情にも詳しいので、日々の経営をしながらいかに最低限の労力で最大の効果を得ることができるかという点で、コンサルタント会社より何倍も優位性があります。そこで、自社でM&Aのアドバイザリー事業を立ち上げました。また、M&A会社からの「こんな小売店を買いませんか」という問い合わせに対して、「弊社は買いませんが、他社を紹介します」というような仲介事業もやっています。

M&Aの場合、単に新聞やネット記事でトレンドワードになっていただけではなく、身近にM&Aで悩んでいる経営者が何人もいたことが決断の引き金になりました。そしてキーワードを選んだら、それに見合うスキルの社員を社内に探す、あるいは採用します。安易にアウトソーシングはしません。それでは、せっかくのノウハウが蓄積されないからです。横展開するためには、スキルの内製化も同時に進めていく必要があります。

この、事業の横展開や協業というのは、長期的な視点で見ると、後継者にとって非常に大きな力になってくれます。例えばパン屋さんを継いだのであれば、普通はよりおいしいパン、新しいパン、ユニークなパン、利益率の高いパンを開発しようと考えます。

しかし、もし後継者に在庫管理や商品管理などＩＴの知見があり、実際に自社で導入が成功しているのであれば、その成功例をもってほかのパン屋さんで導入を支援することができるので新しい収入源になるはずです。つまり、パンを作るという枠の中だけでかたくなに発想するのではなく、今ある強みは何かを考え、使えるものは何でも使ってしまおうという柔軟な思考が大事です。パン屋さんを継いだ後継者であれば、いっそのことパン作りは先代やほかの得意な人に任せて、自分は得意なスキルとパン屋さんのリソースを活かしたビジネスに取り組めばよいのです。

今や日本の観光業を引っ張る「星野リゾート」も、もともとは長野県の老舗温泉旅館でした。しかし、４代目の星野佳路氏が後を継ぎ、海外で取得したＭＢＡの知識を活かし、今のような全国規模でホテル事業を行う企業になったのです。これもある意味で、旅館×地方創生の横展開だといえます。星野氏は当初改革を早急に進めすぎて社内の反感を買ってしまったそうですが、それでも親がやっていることを愚直になぞるのではなく、発想を転換させて、やりたいことをやったから今の成功があると考えます。

実は私自身、ジュエリー会社の社長になりたかったわけではありません。社会人になった時はＩＴ社長になることが将来の夢でした。会社を継いだ時も、最初から父と同じことはしないと決めていました。自分には自分だけの強みがある。それを活かすことが、次の世代にバトンを引き継ぐ最短ルートだと信じ、まずはリクルートで働いていたときの営業やコンサルタント経験を活かしたいと思いました。しかし多くの後継者は、周りからのプレッシャーや、自分自身こうあるべきだという思い込みによって、継ぐべき会社には新卒から入社しなければなど思考が窮屈になりがちです。もっと柔軟に発想し、自分のやり方で自由に事業を横展開していってほしいと思います。その力になってくれるのが、もはやいうまでもなくキーワードアウト経営なのです。

やっているだけで売上以上の価値になることもある

商品開発には時間とコストがかかりますが、実は売上が上がらず、利益が出なくても、その事業をやっているだけで、それ以上の価値が生まれることもあるのがキーワードアウト経営です。例えば私の会社では、新しいことに取り組むことで社会的な企業価値が上がり、採用に関する問い合わせが増えました。新しい人材がたくさん集まってくるようになったのです。

人が働くときに何をモチベーションとするかは、当然人それぞれです。高い給料かもしれませんし、通勤のしやすさ、福利厚生の充実度、人間関係の風通しの良さ、社会的なイメージなどいろいろあると思います。その中の一つに、新しいことに挑戦できるということは確実にあるはずです。挑戦を許さない会社に入りたいと思うでしょうか。それよりも、新しいことに果敢に挑戦することを良しとする社風で、実際にそうしたことを行っている会社のほうに目が向くはずです。やる気のある人ほどそのような傾向が強いともいえます。

その点、私の会社ではTikTokやInstagramを使用したSNSマーケティングなどの新しい取り組みを積極的にリリースしてきたので、「ラッキーアンドカンパニーは新しいことに挑戦できる企業だ」というイメージが、ジュエリー業界、また地元で浸透しています。だから新しいことに挑戦することがモチベーションになる社員が集まってくるのです。実際、毎年のように採用への応募数は増加しています。面白いのは、ジュエリーが好きで志望する人ばかりではないということです。カメラが得意な人、ＥＣに興味がある人、ライブ配信がしたい人などさまざまです。私もそうした人たちを積極的に採用しています。このように、採用にかかる効果も大きく、コスト換算してみるとキーワードアウト経営によるメリットが分かります。

人を採用するには、広告費や人材紹介会社への登録料など多くのイニシャルコストがかかります。

しかし、キーワードアウト経営で会社が注目され、人材がやってくる状況を作ることができれば、採用に関するイニシャルコストやランニングコストは一切かからなくなり、売上に対する利益率も当然上がります。「利益が出なくても」と書きましたが、十分利益につながるのです。

さらに大きいのが、会社のイメージアップです。新しいことを挑戦し続けているというイメージは、お金では買えないものです。このように、俯瞰的な視点で取り組むべきなのが、キーワードアウト経営なのです。

内製化や新人教育にも効果あり

キーワードアウト経営を実践することで、さまざまな強みを持つ人材が集まってくれば、さまざまな事業を自社で内製化しやすくなるというメリットも生まれます。内製化というと、かつては専門的な知識や機材が必要だというイメージがありました。

例えばIT化も、クラウドが登場する以前はオンプレミスといって大きなホストコンピューターを導入し、その維持や管理を自社で行う必要がありました。当然、機材の導入費や管理費に相当なコストがかかったので、大手企業以外はなかなかIT化できなかったのです。しかし今はほとんどがクラウド化し、ノーコード・ローコードで専門的な知識がなくても日々の運用ができるようになりました。

同じように、ECやSNSの運用なども、今は撮影技術、編集技術、配信技術などの進歩によって、プログラム言語など知らなくても事業展開が可能です。むしろそれによって社内にノウハウがたまっていくというメリットがあるくらいです。

特にＥＣは、技術やトレンドが日々変化しており、自社でシステムを構築するよりも、国内外の仕組みを活用するほうが質が高く速いです。クラウドやサブスクリプションのシステムを活用しながら、内製化して、トライアンドエラーを繰り返して地道にノウハウをためていくことが大事で、だからこそ内製化している会社は強いのです。

さらにキーワードアウト経営を実践することによって、新しいことに挑戦していく社風を醸成することも可能です。マーケットが急速に変化している時代、新しいことに挑戦しようという気持ちを社内で共有することは、積極的に市場に打って出るべき中小企業にとっては欠かせない企業文化だといえます。

私の会社ではキーワードアウト経営を実践していくうえで、新卒だろうと中途だろうと、良いアイデアがあれば積極的に出してもらうことを推奨しています。そして発案したからには、責任を持って仕事をしてもらうようにしています。自分はまだ新人だから経営にコミットしなくてもいい、大事なことは上司や先輩に任せておけばいいという発想の社員ばかりでは、会社の新陳代謝は進まないからです。

さらに私の会社では、新人社員のやりがいを作るという意図で、従来の仕事８割、新しい取り組み2割のバランスになるよう仕事を設計しています。制度として新しいことを取り入れるというと難しく聞こえるかもしれませんが、毎日のルーティンワークに少しだけ新しい視点や切り口を取り入れてやってみるだけでよいのです。つまり、基本的には会社がもともと持っていた人的資本やリソースを使ってできることをしっかりやる。そのうえで、新しい発想が生まれたときには積極的に採用する。そうした土壌を経営者が整えておくことがポイントです。

このようなボトムアップ型の土壌が整うと経営者にも大きな刺激になります。今何がはやっているのか、若手ときちんと議論ができるレベルになるように努力しなければならないからです。もし、それがおっくうに感じたり、ついていけないと思ったりしたら社長を辞める時です。だから私も毎日流行についていくのに必死です。それくらいの覚悟を持って経営者は日々取り組むべきだと私は思っています。

SWOT分析×キーワードで、新規事業を作る

私が自社の強みを整理するうえでよく活用しているのが「SWOT分析」です。ご存じ

の読者も多いかもしれませんが、ＳＷＯＴ分析とは、自社の内部環境と外部環境を、強み（Strength）、弱み（Weakness）、機会（Opportunity）、脅威（Threat）に分けて洗い出す分析手法で、事業の現状を把握するためのフレームワークです。マーケティングの基本中の基本といえますが、キーワードアウト経営は自社の強みを中心とした経営手法なので、このＳＷＯＴ分析は非常に重宝するのです。

具体的には自社の強みや弱みを洗い出すのに利用しています。また、脅威、機会も世の中の流れを把握し、将来に備えることが大切になります。ＳＷＯＴ分析も、会社の変化とともに変わると思います。その時代その時代で、どのように変化しているのかも把握すべきです。そのうえで、トレンドになっているキーワードと掛け合わせたときに、どんな効果があるか、強みをさらに強く、弱みを少しでも強みに変えることができるかなど、さまざまなことを想定してみてください。頭ではぼんやりと分かっていることでも、このように図に表現することで新たに発見があることも多いです。

私の会社の強みはもちろん、ものづくりです。ほかのジュエリー関連企業では、製造工

［図7］ SWOT分析

出典：ferret One「SWOT分析とは? 時代遅れにならないやり方を事例を踏まえ解説」

程を部分ごとにアウトソーシングしているところも多いですが、私の会社ではものづくりに関する工程はすべて社内で完結しています。これはほかの企業にはあまりなく、紛れもない強みです。

一方で、小売店を持っておらず価格のコントロールができないところや、ブランドを持っていないという部分が弱みでした。卸会社を介した既存の流通が十分に機能しているときは良いものを作るだけでよかったのですが、SNSやECが盛んになり、直接メーカーと消費者がつながれるようになった現状では、ただ作っているだけではビジネスは縮小していきます。これからは消費者に直接届ける力も必要です。

私はSWOT分析によってこの弱みをあぶり出し、そこにキーワードを掛け合わせるという試みを行いました。それによって生まれたのが、M&A×ジュエリーとDtoC×ジュエリーです。今はジュエリーの企画、デザイン、製造、小売販売まで一貫してできることが強みです。このようにすべての工程を網羅して、事業が社内で完結しているジュエリーメーカーは全国でも非常にまれです。そのように、弱みを強みに変えることができるのが、キーワードアウト経営の醍醐味なのです。

まずは社内で勉強会チーム、事業部を作る

キーワードアウト経営か否かにかかわらず、新しい事業を起こすときにまず問題となるのがリソースの確保です。DXを推進したいけれど適した人材がいないという経営者の相談を私はたくさん受けてきました。特にIT関連や新規事業はスピード感が大事です。一足遅れただけで商機を失います。ただし、せっかく事業を立ち上げてもノウハウやスキルが残らないことを防ぐため、安易にアウトソーシングをしないほうがよいと思います。これは、キーワードアウト経営で新規事業を立ち上げるときも同じです。

私の会社では、新しいことを取り入れたいと考えたら、まずは社内で勉強会を開きます。いきなり事業部を立ち上げるより、コストや社内の摩擦を最低限に抑えられるからです。とはいえ、なんとなくやろうというのでは何も進みません。さらに、トップダウン式に指示しても、事業は自走していかないでしょうし、教えるというコストが生まれてしまいます。そこで、自ら考え、学ぶ場として勉強会を立ち上げるのです。これなら、自分たちで物事を進めていくという機運も高まります。

問題は勉強会のメンバーとして誰を集めるのかです。私はまず、目指す事業について好奇心がありそうな社員を中心的に集めます。例えばＷｅｂが軸となるのであれば、ＩＴスキルが高そうな若手社員ということになります。特にそうしたスキルがなくとも、Ｗｅｂに興味があり、普段から元気があるとか、向上心がある社員に目をつけておきます。

まずは、社長が学ぶことが大切で、社長が理解したうえで社員に伝える、外部パートナー（そのキーワードに詳しい人を招待）を活用するのも手ですし、現在は、リモートで多数の勉強会もあり、また、YouTubeでの講義もあります。デジタルで社会の恩恵をしっかり受けながら、勉強会を実施していきます。会社では、Ｚｏｏｍのセミナーを全メンバーが仕事するなかで流すこともあります。書籍も耳の時代です。音声本を流しながら仕事する時代です。

続いて学ぶ方法ですが、外部企業の営業担当をうまく活用しています。会社には普段からEC化やWeb構築の提案営業の電話がひっきりなしにかかってきます。その際、時間がある限り、すべての提案を聴くことがメンバーの勉強になります。そうして得たさまざまな提案を、勉強会のメンバーたちにレクチャーしてもらうのです。

すでに自社で内製化できている分野の営業提案だとしても、そうすることで、基本的な知識だけでなく、外部のWeb関連会社はどんな提案をしてくるのか、何が強みなのか、差別化は何なのか、金額はどうかといった、ビジネスに実践的な情報が手に入るのです。そうしたリアルな情報が無料で学べるのですからこれ以上の教材はありません。

このように勉強会を立ち上げ、少しずつ事業化に向けて動かしていきます。具体的には、実際にプロダクトを立ち上げ、市場に投入してみるのです。もちろんすべてが成功になることはないので、多少の失敗には目をつぶりながら、トライアンドエラーを重ねていきます。

そのうえで、ようやく売上が立つようになり、継続性と将来性が見込めるようになったら、事業部として切り分けます。そして、担当社員には専業で仕事をしてもらいます。これが事業化の概要的なロードマップとなります。

しかし、新しいことにコミットするチームをつくる場合、既存事業を行っている社員たちへの配慮が必要です。新規事業が社長の肝煎りだからこそ、自分たちはないがしろにされていると反感を買ってしまうことがあり得るからです。こうした社員の感情的な摩擦というのは、どんなに社内の雰囲気が良い会社でも、新しいことを始める際には必ず起きてしまいます。最初は小さなことでも、アリの一穴のようにやがて大きな堤を崩して会社の屋台骨を揺るがしかねません。いくら会社の将来のためといっても、そうした課題の芽が生まれることは避ける必要があります。

だからこそ、勉強会という形でスロースタートするのがベストなのです。その際は、勉強会のメンバーのモチベーションを上げるためにも、社長がしっかりとこの勉強は新しい事業をやるためのプロジェクトチームであることを明言し、ゆくゆくは事業部にすることをコミットすることが大切です。メンバーも最初は既存事業との兼業になるので、社内的な理解も必要不可欠です。そのためにも、社長の決定のもと新しいことに取り組んでいるという雰囲気を少しずつ会社全体に伝えることがポイントになります。

その一方で、たとえ売上が思うように上がらなくても、事業立ち上げを決断することも時には必要です。私も、ＥＣ事業に取り組むときは、世の中のインフラとして絶対に必要になるからすぐにやらないとダメだと考えました。売れるか売れないかではなく「売る」「絶対に成果を出す」と決めて動いたのです。キーワードの選定は慎重に行うべきですが、やると決めたらこのようなやり切る力も必要です。

しかし、決断するためには、それに応えてくれる人的リソースがなければ絵に描いた餅です。悠長に勉強会をしている場合ではないときもあります。そのために、さまざまなスキルや可能性を持っている社員を採用し、常日頃から社員にスキルをつけてもらうことが大切です。

社員一人ひとりがスキルのバリエーションを増やしていかないと会社は生き残っていけません。そのために、社員の副業やリスキリングを推奨するのも良い手です。社員にスキルを伸ばしてもらい、それを強みにして事業を起こす。これも一つのキーワードアウト経営です。それを繰り返していくことで、会社組織は強くしなやかになっていきます。時代に合わせて柔軟に立ち向かっていくためには、社員にも時代に合わせて「自分は何ができるのか」を考えてもらうことが必要で、経営者はそのための環境づくりを積極的にすべきです。

既存事業は既存社員に任せる

新しい事業を始める際、慎重に立ち上げることに加えて大事なのが、これまでの事業を否定しないということです。既存事業にも当然強みがあり、社会に価値を提供してきたからこそ今まで会社は生き残ってこられたのです。この事実を忘れてはいけません。さらに既存事業を否定することは、それまで自社が持っていた強みや社員を否定することにつながります。それは時に、社内メンバーのモチベーションの低下につながることを経営者は重々理解すべきです。DXで今のものを変える必要性があると思っていますが、今あるものをどうDXして、さらに良くしていくことこそが大切で、今を否定してはいけないと考えます。

そうしないためには、既存事業にもしっかりとスポットライトをあて、否定するのではなく、既存事業もしっかりと継続することを約束する必要があります。そのうえで、新しい事業をこれから作っていく、既存事業との両輪でやっていくことを、社長の言葉としてはっきり示すのです。その際、変にオブラートで包んだり、曖昧な言葉で伝えたりするのでなく、明確に方針を伝えるべきです。私は「既存事業だけをやっていては会社が倒れるかもしれない。だから新しい事業を起こす。しかし既存事業は会社を支える大事な仕事だから、そのまま責任を持ってやり続けてほしい」と、真っすぐな言葉で社員たちに直接伝えました。そうしたほうが、あとから感情的な反感が生まれないと思ったからです。

さらに大事なのが既存社員へのリスペクトです。事業を継承したばかりの後継者は、現場のことや業界に対する知見が少ないのが普通です。だからこそ、きちんと既存社員に敬意を持って接する姿勢が大事です。既存事業は敬意を持ってそういった社員に任せる。それは、新規事業にできるだけ多くのリソースを割くための知恵でもあります。

とはいえ、後継者はどんなに努力しても「何も分かっていない」と先入観を持って見られがちです。そういったベテラン社員からなめられたくない、対等な立場でコミュニケーションしたいなら、それに見合うスキルを身につけ、数字で結果を残す必要があります。具体的には、まず自分が強い分野で売上を出すことです。そのための新規事業でもあるのですが、もちろん片手間にはできません。ならば既存事業は先代からの社員に任せてしまったほうが効率的です。そのうえで、しっかりと結果を出し、社内での影響力や説得力を高めたうえで、少しずつガバナンスを利かせていくのです。そのように、人を巻き込んで新しいことを始めるしたたかさも、キーワードアウト経営には必要なスキルだといえます。

採用時に「ものづくりしかできない人は向いていない」と伝えた

これまでと同じことをやっていれば安泰ではないという感覚は、人材採用のうえでも大切にしています。私の会社はジュエリーの製造と小売業を主な事業とする会社ですが、ものづくりがやりたいだけの人は向いていないと、面接時にはっきりと伝えるようにしています。それよりも、こういう売り方がしたい、こういうサービスもやってみたいと、新しいことへの意欲がある方を求めていると公言しています。社会の動きに敏感になって新しいことを取り入れていこうというのがミッションの会社なので、それを楽しいと思える方に入社してもらうほうがお互いにとってメリットがあると思うからです。

採用はプロ野球選手のドラフトやトレードのようなもので、この人材を入れたらどんな事業に挑戦できるか、どの方向に会社を動かすことができるかをイメージしながら行うのが成功の秘訣です。特にジュエリー業界は、円安や地金の価格高騰によって材料代が大きく変動するなど外的要因に対する脆弱さがあります。原料価格の高騰は、製造業にとっては自社利益が減ることを意味するので死活問題です。物流の２０２４年問題によって配送料が高騰することも踏まえると、これまでと同じことを普通にやっていては、利益を上げ続けるのが難しくなります。そういった自社にとって脅威になる社会の動きに対して、どのように対応していくのか。実際にビジネスの現場で戦ううえでどのような戦力、すなわち人材を確保すべきかと考える必要があります。

現在の私の会社の場合、具体的にはＡＩや、海外、Ｗｅｂ制作やＳＮＳへの感度が高い人材ということになります。なぜなら、そうした人材を採用し、国内や海外へＥＣ販売を進めていきたいというビジョンを描いているからです。人が足りないからと場当たり的に採用するのではなく、今後どういった事業に取り組みたいのか、そのために必要な人材は誰なのかといった、先手を打った採用活動を行うべきです。

さらに、さまざまなスキルを持つ人材を採用することは、複数のビジネスの柱を持つことにつながります。私の会社では今、ジュエリーのデザイン、製作、在庫管理、発送、ECサイトの運用やマーケティングすべてを一貫して行っています。それらを維持管理していくのは、人材的側面においても正直大変です。ですがその分、社内にノウハウが蓄積されていきます。このノウハウが最大の武器になります。内製化のメリットであるノウハウを活かして、新しい事業に横展開する。そのためには、やはり充実した戦力が必要です。

今の時代、会社の理念に共感してくれる人材を採ることが大前提となります。そのために私の会社では、製造業であるにもかかわらず、「ものづくりしかできない人は向いていない」と面接ではっきり伝えているのです。

社員はものづくり、接客、インスタグラマーの三刀流

二刀流としてメジャーリーグの野球の歴史を変えた大谷翔平選手。しかし、私の会社には三刀流の社員がいます。ものづくりを行う職人でありながら、オープンファクトリーでは接客も行い、インスタグラマーとして店舗からライブ配信も行っています。しかしこの社員は最初からこのような人材だったわけではありません。新しいことに挑戦していくに従い、このような多彩なスキルを獲得していったのです。

ほかにも、ジュエリーデザイナーとして入社したメンバーにはＥＣの店長にもなってもらっています。今ではどちらの分野でもスペシャリストです。私の会社では役職に当てはめて育てるのではなく、事業展開に応じて人を育てるようにしています。そのほうが臨機応変に動ける機動力の高い人材に育つと思うからです。なぜなら、事業は非常に流動的で状況によっては人材配置のバランスが変わることもあるからです。その際、特定の仕事しかできない人材ばかりだと、経営者としては差配するのに苦労します。大手企業ならその都度スペシャリストを中途採用して補填すれば済みますが、中小企業は限られた人材でや

りくりしなければなりません。

人材の多様化は、社外に対する好影響も生み出します。私の会社の場合、オープンファクトリーでの接客やライブ配信を社員自ら行っていますが、製造現場のことを知っている社員のほうがより説得力が増すと感じています。もちろんプロではないので、説明やトークのスキルは完璧ではありません。しかし、ＳＮＳ全盛の今、素人っぽいほうが共感を得やすいというのはよく知られています。特に新しい取り組みの場合は、社員一丸となって取り組んでいる姿勢が、消費者に共感を持って伝わりやすいと実感しています。

何より社員一人ひとりが多様なノウハウを共有し蓄積していくことで、個人からさまざまな化学反応が起こることが期待できます。私には思いつかないようなアイデアが若い社員の感性から生まれ、それが新しい事業に展開していく可能性は大いにあるのです。

このように、ものづくり、接客、ＳＮＳ運用と三刀流でこなせる社員がいることも自社の強みです。その強みとトレンドを掛け合わせて、また新しい事業を生み出していく。そうすれば新たなノウハウがたまり、さらにそのノウハウがまた強みになる。これを繰り返すことで、どんどん会社は強靭になっていくのです。

［第4章］

DX、M&A、副業、地方創生……「既存事業×トレンド」でビジネスを創造した6つのケース

観光をキーワードに　工場見学×ジュエリー

取り入れるトレンドは一歩先のもの、そして決めたらすぐ動くことが大切です。莫大な投資をする必要はありません。なるべく小さな投資から行い、最大のリターンを得ることを考え、失敗をしても大きな痛手を負わず、売上、利益、企業価値の三つの指標の何を得るのかを明確にしておくことが重要です。やると決めたら成功するまでやることが大切です。

まず、紹介するのは「工場見学×ジュエリー」です。

2000年代に入るとテレビのバラエティ番組などで、工場内でさまざまな商品がオートメーションで作られているような様子が特集されるようになり、社会科見学として小学生ら子どものものだった工場見学が、大人も楽しめる娯楽として注目されるようになりました。

見学する側は製品がどのように製造されるのかを知ると同時に、目の前で製品がつくられている様子に驚いたり感心したりして楽しむことができます。企業側にも製造プロセスや生産の施設を見てもらい、生産者の顔を知ってもらうこともでき、企業に愛着を持ってもらうことに期待ができました。工場によっては出来上がったばかりの製品を、食品なら試食したりちょっとしたプレゼントをもらったりして、大人も楽しめるようなエンタメとなっていきました。

私の会社の工場は当時、メーカーのひとつの機能として使われていただけで、社外の人が足を踏み入れるのは一年に数回、取引先の小売店の販売員が研修で利用する時ぐらいでした。取引先の小売店の販売員向けに行っていた工場見学を、２０１３年の本社屋リニューアルに伴い「L&Co Open Factory（エルアンドコーオープンファクトリー）」として、観光客向けに一般公開したものです。当時は、新潟県の燕三条で金属加工工場の見学や、全国でも食品製造工場などの見学がはやり始めた頃です。その頃私の会社の工場は、とても一般の消費者に見せられるような状態ではありませんでしたが、ものづくりの面白さという自社が持っている強みと工場見学という消費者のニーズが一致していると強く感じたので、観光業へ横展開すべきだと決断したのです。

リニューアル費用として1億円近い資本を投入し、職人がジュエリーを作る技や、1937年から現在まで培ってきた技術や歴史を惜しみなくオープンにした見ごたえあるファクトリーになったと自負しています。

■階段壁面展示　1F

ファクトリーに一歩足を踏み入れると、宝石が敷き詰められた「煌《きら》めきの階段」が出迎えます。2Fにつながる階段まで進むと、その壁面にはジュエリー商品の形を作る元である原型がずらりと並んでいます。これまでラッキーアンドカンパニーが作り上げてきたジュエリーの数々はすべてこの原型から製作が始まります。目を凝らしてお気に入りを探してみるのも楽しいと思います。

■壁面型展示　2F

1Fの原型が並ぶ階段を昇ると、2Fホールには次工程である成型に使用するゴム型が

［図８］ 階段壁面展示（1F）

［図９］ 壁面型展示（2F）

大量に展示されています。原型からゴム型に進むと、いよいよジュエリーが形を成してきます。

■ジュエリー展示　2F

さまざまな工程を経て、最終的に仕上がったジュエリーが並ぶ圧巻の見学スペースです。ここに並ぶジュエリーは、ファクトリー内ですべて購入できます。ぜひ、自分だけのお気に入りを見つけてください。ここに来ると時間が経つことを忘れてしまうようです。

■見学ブース　2F

ここからはさらに詳細な製作工程が見学できます。実際にジュエリー職人が手を動かしている様子も間近で見られるので、リアルな製作過程を知ることができます。

ジュエリーは、どうやって製作されているのか想像しづらい商品なので、オープンファクトリーでは機械ではなく手間暇かけて製作している事実を伝えることに重点を置いてい

[図 10]　ジュエリー展示(2F)

[図 11]　見学ブース(2F)

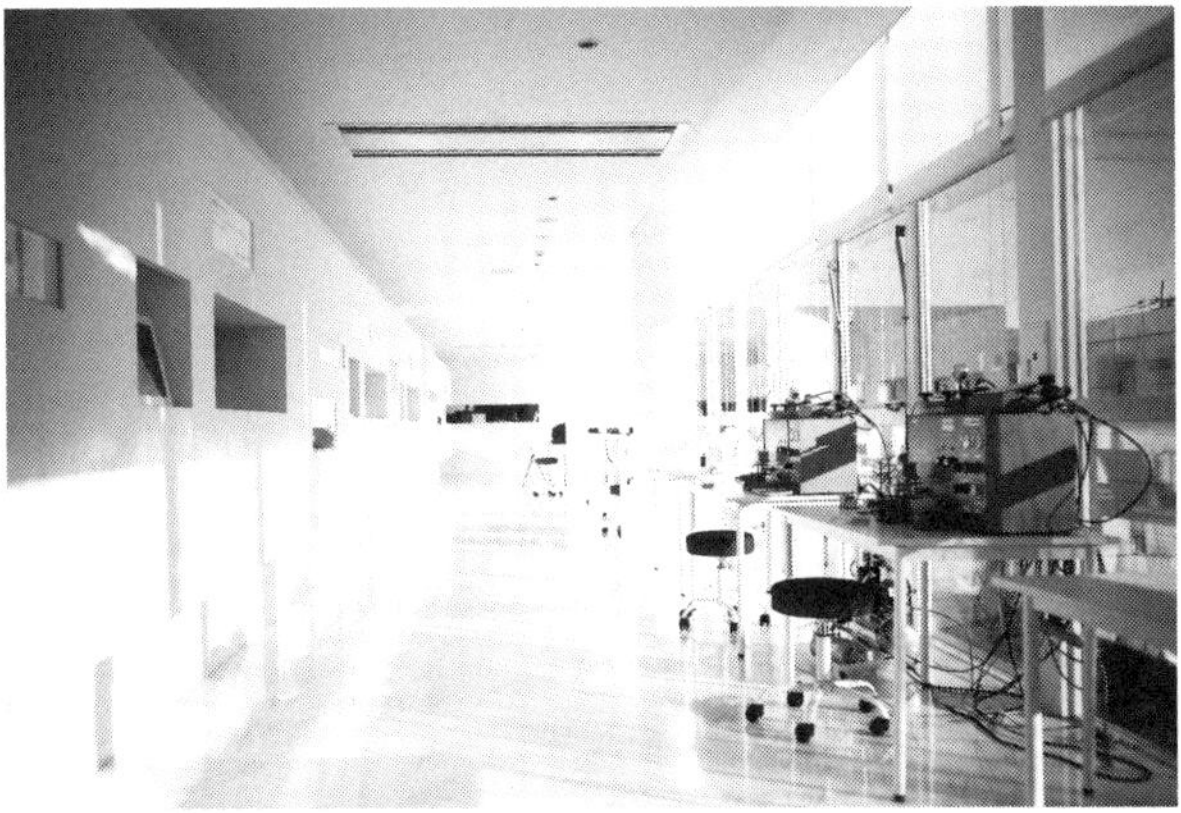

［図12］　ジュエリー製作の過程

①デザイン工程

［手書き］　市場ニーズ、ファッショントレンド、ターゲットについて企画会議でプランニングされたテーマに沿って、デザイナーが感性豊かにイメージを形にします。

［コンピューターグラフィック］　デザイナーがコンピューター上の専用ソフトを使い、直接デザイン画を描きます。手書き作業より、さらに細かい部分を描くことが可能です。

②原型製作

［手作り］　ジュエリーを作るにあたり最も重要な工程です。デザイン画から溢れるデザイナーの感性やイメージを忠実に再現するためシルバーで原型を作ります。

［3D］　CAD／インクジェットコンピューターで平面的にデザインしたものを3D CADを使い立体的な形にし、インクジェットの機械で特殊なインクを少しずつ積み重ねて原型を作ります。

③ゴム型製作

原型をゴムで固めて、メスで原型を取り出します。ゴムの中に原型と同じ空間ができます。

④ワックス製作

ゴムの中にできた原型の形をした空間に、溶かしたワックスを注入します。受注数と同じ数のワックス型を作ります。

⑤ツリー製作

ワックスを1本の芯を中心に木の枝のようにまとめあげ、ワックスツリーを作ります。

②原型製作［手作り］

③ゴム型製作

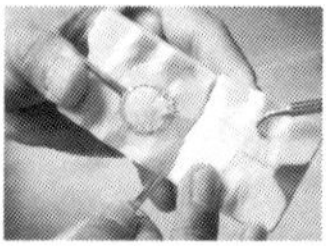

⑤ツリー製作

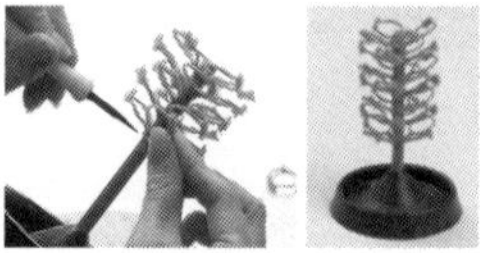

⑥埋没

ワックスツリーをフラスコに入れ、石膏を流し込み乾燥させます。

⑦脱ろう

電気炉で700~900℃くらいに昇温させることで、石膏の中のワックスは熱により消滅し、中にツリーの形の空洞ができます。

⑧鋳造

原型と同じ空間のある石膏に高温で溶かしたK18（1100℃で融解）、プラチナ（1800℃で融解）の地金を流し込みます。ここで初めてワックスがK18やプラチナに置き換わり鋳造されます。

⑨仕上げ・石留

鋳造された素材をツリーから切り離し、製品の形に丁寧に磨きます。この段階で、パーツがろう付けされます。最後に磨いた製品に石留をして「ジュエリー」の完成です。

完成

⑧鋳造

⑨仕上げ・石留

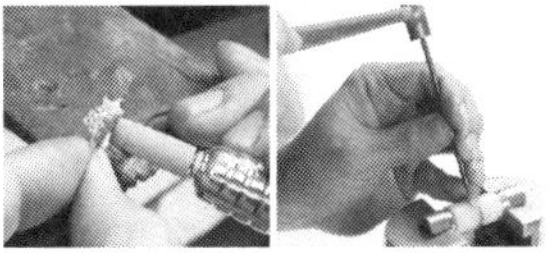

［図 13］　L&Co Open Factory で行う製作体験の様子

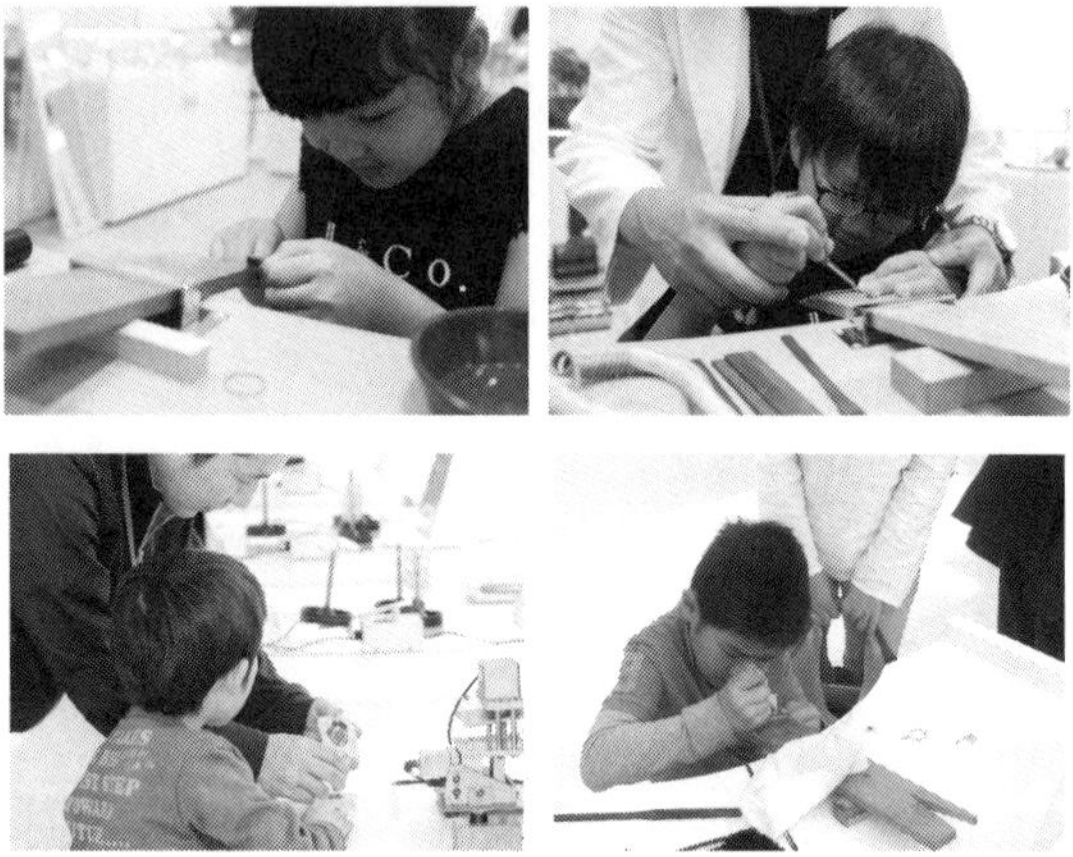

ます。

見学したあとは、お土産として商品も販売しています。ジュエリーづくりの工程を知って、ものづくりの大変さを理解してもらい、商品を購入できる環境も提供しています。

ジュエリーの製造体験ができる場所も用意しています。1回5000円からというリーズナブルな価格が評判です。団体でも個人でも受け付けていて、その場で渡すものから、後日お送りするものまで、コースもさまざまです。体験というキーワードもトレンドとしてキャッチしていたので、そういったニーズにも応えるようにしました。

一般向けの工場見学を始めた当初は、山梨観光のついでに足を延ばしてくれる個人客が多いと思っていたのですが、驚いたことにパッケージツアーに組み込ませてほしいという需要がけっこうありました。多い時では月に1万人来る時もありました。平均４０００人が毎月来館していました。山梨という場所柄、モモやシャインマスカットやイチゴなどのフルーツ狩りのバスツアーの人気が高いので、ツアーと組み合わせて企画されることが多いようです。

ただし、工場見学を一般向けにオープンしただけではこうした反響はありません。しっかりプレスリリースを出して記事にしてもらったので、問い合わせが殺到し、ドラマの撮影場所にもなりました。やはり外部に発信するのは大事だと改めて思いました。観光客向けの接客は、当初専門のプロにお願いしようと思っていましたが、結局はジュエリーを作っている社員が担当することにしました。ジュエリー職人が持っている商品知識や職人っぽいぎこちなさが逆にリアリティがあって良いと思ったのです。実際、お客様には好評です。ジュエリーはどうしてもきらびやかな場所でスーツを着た人が売るというイメージがついていますが、実際にジュエリーを作っている職人はエプロンをして、真摯に作業をしている、素朴な人が多いです。そういう人が接客する、作り手の存在が見えるというのが、魅力になっているのです。最近では東京・日本橋店にも職人を置いて接客をしたり、SNSでライブ配信をしたり、自社の強みである人的リソースを活かしつつ、世の中から注目される新しいことに取り組んでいます。

ちなみに、工場リフォームの際には3社から見積もりをとってコンペをし、さまざまな案をもらって実現しました。工場の老朽化も進んでいたので、それを補修する点でも大きな投資金額になりましたが、観光客向けのリリースを出した次の月にはツアー会社からの問い合わせが殺到したので、観光事業としてすぐに大きな芽を出すことができました。工場見学自体は無料ですが、製造体験やジュエリー販売の売上や、個人からのオーダーなどに誘導できるので、年間3億円の売上を得ています。

本来、利益を上げるためではなく、ブランディングの一環で始めたものでした。山梨県はジュエリーの産地でありながら、見学できる場所がなかったのです。山梨にあるジュエリー工場という立地も自社の強みの一つなので、それを活かさない手はありません。

さらにもう一つ、社員にとっても働く場所がリニューアルされてきれいになれば、モチベーションも上がります。つまり、売上や利益よりも、企業価値の向上を目的にして始めた事業が、蓋を開けたら年間3億円を売り上げているのです。こうした予想外の展開が起きやすいのが、キーワードアウト経営の面白いところです。

今は、この工場見学や体験とともに、リスキリングというトレンドを取り入れた展開も考えています。ジュエリーに興味がある方に向けて、1日かけてジュエリー加工を学ぶことができるというプログラムを作成準備中です。終わったら認定書を発行するのですが、その認定書を持つ人たちが、ジュエリーのリフォームやオーダーを取る職人として活躍していけたら、新たなリスキリング事例として注目されるでしょう。日本のジュエリー加工技術は海外からも注目されているので、インバウンド向けにも需要があると思います。ただ観光するだけではなくて、その土地や国の知識を学ぶことができる体験型ツーリズムも流行しているので、そことリスキリングを合わせたものを提供できないかと模索しています。

ブロガー×ジュエリーで商品開発

メディアに注目されたものとしては、2015年の「ブロガー×ジュエリー」がまず挙げられます。当時はブログを書いて人々に影響を与えるブロガーという人たちが活躍しており、トレンドになっていました。しかも芸能人などのプロではなく、一般の方がブロガー活動をきっかけに書籍を出版するなど、社会現象になっていました。

今でいうインフルエンサーのように一般人であるブロガーにファンがつき、消費者の行動に影響を与え始めた時代だったので、ブロガー×ジュエリーの掛け合わせで何かできるのではないかと考えたのです。具体的には、ジュエリーの社内製造という強みを活かして、ブロガー自身が身につけるオリジナルジュエリーを製作して、販売することにしました。伊勢丹新宿店とコラボし展示会も行いました。

当時、ジュエリーの卸業を主にやっていた私の会社でも、画像で商品を確認して購入できるサイトを立ち上げていました。ブロガー×ジュエリーは、ECサイトを利用した小売業を行う前段階として取り組みましたが、もともとファンがついているブロガーがおすすめのジュエリーやコラボジュエリーを紹介することで消費者の購買を促すことができ、小売業を始める足がかりにすることができました。

また、伊勢丹新宿店で展示会を開いたことでメディアからの注目も集め、知名度アップも期待できる事業になりました。著名なメンバーと、それぞれの活動に合わせてジュエリー製作をすることができ、各ブロガーのファンの心情に働きかけたものづくりを行うことができたのです。今でいうインフルエンサーマーケティングの一つですが、私の会社はジュエリー業界の中ではとても早い段階で取り組んでいたと思います。

これは、ブログというトレンドにアンテナを立てて取り組むことで注目された事例です。ECサイトに関するマーケットの動き、一般人でも発信することでファンがつく時代の動きに注目していることが功を奏したといえます。正直始める前は本当に売上がつくのか分からない状況でしたが、新しいことをしているからこそ伊勢丹新宿店でポップアップも決まり、そのあともコラボの問い合わせが殺到しました。たとえ売上や利益につながらなかったとしても、新しいことをしていれば関連する問い合わせが来て、メディアにも報道され、企業価値の向上につながることが証明されました。

DtoC×ジュエリーを発展させた先のふるさと納税

私の会社のキーワードアウト経営を語るうえで欠かせないのが、「DtoC×ジュエリー」の掛け合わせです。DtoCとは、Direct-to-Consumerの略で、自ら企画、製造した商品をどこの店舗も介さずに自社のECサイトで直接顧客に販売するビジネスモデルのことです。楽天やヤフーのネットショッピングが拡大していくなか、メーカーが直接ECでものを売る時代へと大きく変化したのです。検索されているものを作り販売する、まさにDtoCがこれからの時代のトレンドになります。

ジュエリーというものづくりを内製化している私の会社では、当然やらなければいけない案件と理解してスタートしました。DtoCの歴史は、先に立ち上げたジュエリー卸サイト「ジュエリーマーケットプレイスドットコム」でスタートし、Amazon JAPANで初めてとなるジュエリーショップを開設しました。リクルート時代の後輩がAmazon JAPANで働いていたため、ジュエリーと同じく商品単価が高いウォッチ事業部を紹介してもらい、売り込みました。

当時、アメリカのAmazonは販売していたのに、ジャパンはどうして販売しないのか？と尋ねると、ジュエリーをどう売ればいいのか分からなかったので、取り扱いをしていなかったという答えが返ってきました。そこで私の会社との相談の結果、ジュエリー販売をスタートすることにしたのです。その後、自社サイトをスタートして、ＺＯＺＯにも出店し、今では他社のジュエリー商品開発だけでなく、ＥＣのサイトの受託まで行っています。ジュエリーの商品開発の内製化と、サイト製作、画像撮影、画像編集、画像アップ、商品登録、商品説明、お客様対応、発送といった総合的なＥＣサイトの運営も受託しています。今、私の会社の事業は、ジュエリーのものづくりだけにとどまらず多岐にわたっています。

当然私たちもその方向へと舵を切りました。働き手の減少や消費行動の変化、ドロップシッピングというビジネスモデルの登場なども踏まえると、ＥＣで売れないものは売れない、そこで売れるものを作らないと製造業は生き残れないと思ったのです。具体的には2006年、ジュエリードロップシッピングのサイトをスタートさせます。

ドロップシッピングとは、サイト運営会社が商品の在庫なしに消費者から注文を受け、メーカーや専門事業者から直接顧客に商品を発送するスタイルのビジネスです。ドロップシップは在庫リスクがなく、ECビジネスが展開できるという大きなメリットがあります。ただ一方で、「商品を売る」サイトなのでそのためのスキル・知識は必要となってきます。その点、私たちには長年培ってきた知識もスキルも十分にあります。

しかし、当時はジュエリーがECサイトで売れるのか、接客中心の販売からどのように売るかを考える日々でした。ユーザーの購入の仕方の変化を感じていた私は、EC市場のユーザーの年代別のニーズや、ECで売れる商品のラインナップなどを徹底調査しました。そうした緻密な戦略のおかげもあり、ECサイトでジュエリーを売ることができるという実績を作ることに成功したのです。その後、2009年にはAmazon JAPANがジュエリー販売をスタート、私の会社が出店第1号でした。2015年には満を持して自社

ＥＣサイトをスタートさせます。

２０１９年にはふるさと納税の返礼品に認定してもらうことができました。ふるさと納税は２００８年5月に始まった制度で、生まれ故郷や応援したい自治体などを選んで、使い道も指定できる寄付をすることができます。寄付とはいえ所得税や住民税が原資で、実質手数料２０００円で返礼品が返ってきます。国の施策として誕生したマーケットともいえ、仕組みはまさにキーワードアウト経営です。

ふるさと納税ができたばかりの当時は、多くのジュエリー関連企業が「そんなものでジュエリーは売れない」と思っていたと思います。しかし私たちの会社では「新しいマーケットが出てきた」と受け止めました。さっそく社内で対応を考え、どのような商品を返礼品とするか、単価をどうするかなど議論を重ねました。商品の信頼を得るため、サイトには商品動画を掲載し、商品には御礼文をつけて発送、パッケージにもこだわりを持って販売することで、ふるさと納税も新規事業として売上をつくることができるようになりました。もちろんジュエリーは山梨県の地場産業だということをＰＲすることも怠りませんでした。

ＤtoＣという販売方法について、これまで続けてきたＥＣ販売のノウハウがあったからこそ、ふるさと納税サイトでの販売も新規参入してすぐに売上につなげることができたと思います。ふるさと納税が始まってすぐに取り組む自治体が一気に増えていきました。消費者にとっても、住民税の控除を受けながら、物やサービスを受け取ることができる新しい買い物の形です。

ふるさと納税の返礼品に採択してもらうためには、きちんとその土地で生産されたものであるという産地証明が必要になります。山梨のジュエリー工場という地場産業の強みを活かさない手はありません。特にふるさと納税は、地場産業という印象を強く打ち出すことができるので、企業の信頼度も高められるメリットがありました。ふるさと納税がはやり始めた時に、仕組みを早く理解して自社なら何ができるか、どんなメリットがあるのかを考えてすぐに動き出したことが功を奏したと思います。何事も早く動いて対策を練ることが大切だと感じる事例です。

さらにふるさと納税では、返礼品を探して自社のことを知った人が、工場を見学するために山梨に足を運んで観光するという副次効果を生む可能性もあります。これには、企業としても自治体としてもメリットがあります。ふるさと納税というキーワードは、自社がジュエリー製作から販売まで一貫してできるという強みがあったから採用することができました。本来ジュエリー業界は、メーカーが製作して小売店に卸す形が基本で、製造と小売を分業している会社が多いのですが、私の会社は製作から販売までのすべての工程を社内で完結できる数少ない会社です。

もともとはものづくりに力を入れてきた会社で、デザインからCADデータを作成し、職人がジュエリーを作り上げるという部分を強みにしてきました。

現在はEC販売を始めたことで、売る量も価格も自社で決めることができるようになり、多品種小ロットで生産をしています。そちらのほうが手間はかかりますが、付加価値の高い商品を高単価で販売することができます。量産が必要になった時は提携工場にお願いして、即応できる体制も整えています。商品の企画デザイン、製作、販売まででき、必要があれば量産もできる、それが今の自社の強みです。

DX×ジュエリーに本気で取り組んで、売り方を見つける

私が「DX×ジュエリー」に取り組んだのは、これからの時代、DXなくして企業の存続はないと考えたからです。DXとは、デジタルトランスフォーメーションの略で、デジタル技術を使ってビジネスモデルを変革させて、これまでになかった新しい成長や競争力強化につなげていく取り組みです。単なる、ペーパーレスやIT化ではなく、デジタルを使って会社に変革を起こすことです。私たちの業界は店舗で物を売買する時代から、CtoCのマーケットが活発化したという社会の変容がありました。メルカリやminne（ミンネ）などのアプリが登場し、一般の人がアクセサリーを作って販売する、つまり個人が個人に向けて物を売るというマーケットが拡大しています。そのように、ジュエリーを販売することが企業だけのサービスではなくなった時代に、メーカーとして何ができるか。そこで、ECでジュエリーを売るための方法を真剣に考えることにしたのです。

ジュエリーはそれまでECサイトで販売されることの少なかった商品です。そこを踏ま

えると、実店舗で販売している商品をそのままECサイトで販売するだけでは、絶対にうまくいかないだろうと考えました。そこで気をつけたのはキーワードアウトで商品開発をすることです。

まず検索ワードで何が検索されているのかを徹底的に調べました。今でも毎週の会議で検索ワードの推移を確認しています。検索ワードを調べると、ユーザーが今何を求めているのかタイムリーに分かります。当時、「ジュエリー　○○」「ピアス　○○」など、さまざまなワードが出てきました。一つの例が「ジュエリー、ギフト」「ジュエリー、1万円」「ジュエリー　2万円」など、ギフトとして1、2万円でジュエリーを探している人の検索数が伸びていました。そのキーワードに着目し、1万円や2万円のギフトの商品開発を行い、販売していきました。また、SNSにより、ハッシュタグでの検索キーワードも調べることにし、ユーザーが何を探しているのかもハッシュタグから分析して、商品開発をしていきました。「ジュエリー　エメラルド」など、季節によって増えるキーワードなどもあり、それらも分析しながら商品開発とSNSでの情報発信を展開しました。

これはキーワードアウト経営の基本的な考えでもあります。自社が作りたい物を作るのではなく、検索されているキーワードをもとに、世間から求められている商品を作ることと、これがいちばん重要です。新しいブランドなのであればなおさらです。検索されているキーワードに合わせて商品を作れば、検索した人の目に触れる機会が増えます。求められているものを作る、これがポイントです。

DXが注目されるのはテクノロジーの進歩により、大きな変化が起きていることが背景にあります。まず書店で本を買う時代からAmazonで買うような消費行動の変化がありました。また、リサイクルショップに買ってもらう時代からメルカリで売る時代になって競争環境も変化しました。産業構造も変化し、大企業が優位な時代から、個人と個人がネットワークでつながり仕事をする時代になったのです。

DXにより変革を起こすことが必要だと感じ、さらに国も山梨県もDXに力を入れていることもあり、私たちの会社はDXに取り組むことにしました。

まずは社内のデジタル化に取り組みました。一人に1台のタブレットを貸与し、社内すべてのデータを見られるようにして、営業には商品の見積もりをタブレットでできるようにシステムを開発しました。ジュエリーの製造販売は、地金（金・プラチナ）の値段が常に変動していて見積もりが難しいことが課題でした。その日の相場で変化した単価をすぐ確認できるようなシステムも開発し、タブレットで誰でも見積もりができるようにしました。

以前主流だったＢtoＢの営業では、東京ビッグサイトなどの展示会に出展して、法人のお客様と商談をすることが基本でした。今は展示会に出展せずに自社のＳＮＳで告知をして、問い合わせもネットで受けています。打ち合わせもすべてリモートで対応するようになりました。そして、取引の詳細が決まった場合に、ようやく訪問して商談をするように販売の方法は変化しました。現在、ＢtoＢでの法人からの問い合わせは毎日のように来ています。展示会に出展すると、何百万円もの出展費用に加え宿泊代、交通費などコストがかかりました。デジタル化で商談を進めるようになった現在は、その3分の1のコストで商談数は3倍になっています。

SNSといえば個人向けと思われている方が多いと思いますが、SNSを見ているユーザーも企業に勤めている方ばかりなので、BtoBの告知にも向いているツールです。そのほか、社内のデータベースの構築もデジタルに移行し、会社のプレスリリースにも活用しています。デジタルにより、業務を改善し働きやすく、効率良く仕事を行う体制が構築できました。

海外事業も、DXにより変革を起こしました。以前は香港など海外のBtoBの展示会で商品を販売していましたが、GAFAをはじめ、Shopifyなどの海外ECの構築が簡単にできるようになり海外に向けた販売もBtoCに体制を変えたのです。

海外での展示会は、渡航費やホテル代、出展ブース代など1回の展示会で1000万円近くの投資が必要でした。しかし、Facebookで世界各国に広告配信をし、130カ国の通貨に対応しているShopifyのECカートでサイトを構築し、Google翻訳でメッセージのやり取りをするというシステムを固め2020年に海外EC販売をスタートしました。展示会に出展する費用をFacebook広告に投資したのです。その結果、海外30カ国に販売した実績ができました。今後は、国内に加え海外ECにもさらに力を入れ、ジュエリーだけでなく、日本のいいものを海外に展開する予定です。

このDXの取り組みの成果が評価されたこともあり、ノウハウも蓄積できたため新規事業として、2023年にDXコンサルティング事業部を社内に立ち上げました。

当時、ジュエリー会社がコンサルティングを始めたと話題になり、発表した時から10社の問い合わせがあり、いいスタートを切ることができました。問い合わせをいただいた企業にヒアリングすると、やはり、実際に事業で実績を残していることが評価につながっていました。自社のノウハウを他の企業へコンサルティングしていくのですが、実際に実績があり難しさも理解している企業がコンサルティングするということがさらに高い評価を受け、他の企業からコンサルティングやセミナーを依頼されることも増えました。今ではコンサルティング事業部の中に、DXコンサル、M&Aコンサル、事業継承コンサルも設け、創業者と継承者の間の伴走コンサルもしています。社内のメンバーもジュエリー業界以外のSNSの運用や、Web製作など異業種ならではの難しさや楽しさもあり今後の展開を期待しています。

事業に取り組むことでトレンドとの掛け算が見えたM&A×ジュエリー

事業継承や働き手の不足という部分でも、M&Aは近年注目のトレンドの一つになっています。どの会社でも買う可能性と買われる可能性のどちらもあります。私の会社は小売店を2社買った経験があるので、その知見をもとに、ジュエリー関連企業の再建再編の手伝いをするビジネスを行っています。

もともとはM&A会社から多数の問い合わせがあり、「小売店を買わないか」というオファーを受けるようになったのが始まりです。毎日のように相談が来るので、最初は、今は買わないという返事をしていました。しかし、ここまで連絡がくるのであれば、私たちはM&Aの経験があるので、買うことはしないが、他社に紹介するアドバイザリーをやればいいと思いついたのです。そこでM&Aの会社と契約をし、会社と会社を仲介するビジネスを考えたのです。とはいえ、リスクなども慎重に考えたうえで、やはりトレンドになっていることを重視し、実行に移しました。ただし、のちのち社会的な需要が高まるという予測があったので、外部委託ではなく内製化することを選びました。今では、M&A

に取り組むうえで必要な手続きに関するノウハウも社内に蓄積しています。そのおかげでM&Aで必要な企業や事業の経営状況、財務状況などを調査するデューデリジェンスを行うことができます。また、M&Aのリスクやデューデリジェンスをしたあとに必要になる業務も担当することができます。

このように「M&A×ジュエリー」の場合は、先に小売店の売買についての話が来て、あとからトレンドキーワードとして活かすことができると気づいた事例です。キーワードアウト経営には、自社の強みをトレンドと掛け合わせて能動的に事業を起こすものもあれば、自社が取り組んだ事業が結果的にキーワードになると気づく受動的なケースもあるのです。どちらにしろ、自社の価値や強み、社員が持っているノウハウ、チャンス、トレンドも含めて意欲的に掛け合わせていくことで、売上、利益を上げられる事業に育てることができるのです。

地方創生×ジュエリーで生まれる新しい動き

今、私は地方創生というキーワードに注目しています。なぜならば、各都道府県、国、経済産業省が地方創生に力を入れているからです。人口減少、少子高齢化、人手不足、若者の転出など、地方の問題は山積しています。だからこそ地方を改善することに価値があるのです。地方企業の私たちだからできることとして、現在は地方のＤＸやふるさと納税のコンサル、インバウンドの受け入れなどを山梨県で実行し、それを横展開することを考えています。

地方創生というキーワードはこれからも注目していくのに値します。なぜならば、全体的に地域属性に根ざしたビジネスがトレンドになっていると感じるからです。ふるさと納税が良い例です。多くの人たちが、自分が住んでもいない地域を盛り上げるのに一生懸命です。こうしたトレンドがあるからこそ、山梨県でジュエリーという地場産業を担う私の会社も、ふるさと納税や観光の分野でうまく機能しているという側面があります。

この先の動きとしては、もっと地域の特色を活かしたビジネスが注目されるのではないかと考えています。これは、単に郷土色を強く打ち出すというのではなく、その地域ならではの販売方法や、地域に根ざした出店計画といったことです。例えば、私の会社が全国に出店するとした場合、すべて同じブランディングである必要はありません。鹿児島なら鹿児島なりの、宮城なら宮城なりの、その地域の消費者にマッチする形態があるはずです。そこを掘り下げたビジネス展開という意味です。地域の一番店になるということも、戦略の一つだといえます。

そうした新しい地方創生というキーワードに対して自社が何をできるのかは、模索している最中です。自社が持っているECサイト運用の知見や、ブランドの強みを活かして、山梨県外の地場産業の会社とタッグを組むことも面白いのではないかと考えています。その地方の特色や地場産業の強みをトレンドキーワードと掛け合わせて、新しい売り方やビジネスモデルを作ることができれば街づくりにつながるはずです。そう考えると、自治体などと協力するのも面白いなと、夢はどんどん膨らむのです。

IT企業の変遷とキーワード経営との関わり

西暦	GAFAMS（大手IT企業）	ラッキーアンドカンパニー	キーワード
2000年	Amazon JAPANでサービススタート Google 日本語サービススタート		
2001年	Google 日本オフィス設立 Amazon 日本国内にカスタマーサービスセンター開設 Apple 初の直営店をオープン		
2003年	Apple 日本初の直営店を銀座にオープン		
2004年	アメリカでFacebook 設立 カナダでShopify 設立		
2005年	Amazon 日本に物流拠点を開業		
2006年	Google YouTubeを買収 Amazon AWS（Amazon Web Services）の提供を開始		
2007年		ドロップシッピングサイトスタート	ドロップシッピング
2008年	Facebook 日本語版スタート Google アプリケーション開発プラットフォーム「Google App Engine」の提供を開始	Facebook 国内向け広告配信スタート	
2009年		Amazon JAPANでのジュエリー販売スタート	EC
2010年	Facebook 日本支社設立 Facebook Instagramを買収 Microsoft クラウドサービス「Microsoft Azure」を提供開始	Facebook 海外向け広告配信スタート	
2011年	Apple iCloudの提供を開始		
2013年		地方小売店をM&A　55店舗をグループ化 ジュエリーオープンファクトリー（工業見学）スタート	地方創生 工場見学

2014年		自社メーカーブランドスタート	D to C
2015年		昭和女子大学とコラボジュエリーを開発	学生コラボ
2016年		アメブロのブロガー12人とコラボジュエリーを開発	ブロガー
2017年	Shopify 日本支社設立 TikTok 日本サービススタート Amazon 熊本県と産業振興及び地域活性化を目的とした協定を締結	伊勢丹とジュエリーデザイナーファンド　デザイナー支援 ZOZO出店 自社ECスタート	ファンド EC
2018年	Amazon 無人店舗「Amazon Go」第1号店をオープン	マイスターが在籍する店舗を日本橋に出店 Shopify（海外EC）スタート	インバウンド GAFAM 海外EC
2019年	Microsoft オープンAIへ出資	ふるさと納税商品開発スタート ニューヨークに店舗オープン	海外
2020年		インフルエンサーコラボ商品開発スタート	インフルエンサー
2021年	Facebook　社名を「Meta」に変更		
2022年		NFTストレイムとコラボ商品開発 Instagram ライブ配信スタート	NFT GAFAMライブ配信
2023年		高島屋・阪急阪神百貨店とジュエリースタートアップ支援スタート（第1回） コンサルティング事業部創設	スタートアップ 両利き経営
2024年		高島屋・阪急阪神百貨店とジュエリースタートアップ支援スタート（第2回） ジュエリープランナー講座、開設予定 ジュエリー無人店舗　出店予定 CVCコーポレートベンチャーキャピタル　スタート予定	スタートアップ リスキリング 無人店舗 CVC

［第5章］

会社を継いだ瞬間から継がせる側になる意識を持つ 会社のＤＮＡを残し 次世代にバトンをつなぐ

事業継承の2025年問題をどう乗り越えるか

以前より問題視されているように、2025年には、人口構造の変化がさまざまな面で重大な影響を及ぼすと考えられています。日本の人口は2010年以降減少しており、2025年には現在約800万人いるすべての団塊の世代（1947〜1949年生まれ）が75歳以上の後期高齢者となり、国民の5人に1人が後期高齢者という超高齢社会になるといわれています。さらに、2040年頃に団塊の世代の子どもたち（1971年から1974年生まれ）が65歳を超えるため、全人口に占める65歳以上の高齢者の割合が約35％に達するという予測もあります。大量の後期高齢者を支えるために、社会保障、医療、介護、年金などの面で負の影響がもたらされるのは必至です。

ビジネスの世界においてもそれは例外ではありません。国民の5人に1人が後期高齢者となることで、少し古いデータとなりますが70歳以上の中小企業・小規模事業者の経営者が約245万人になると推計され、その約半数が後継者不在で、さらにそのうちの約半数が黒字廃業の可能性があります。時代の変化とともに、先代の跡を同じ事業で継げば安泰

［図14］　中小企業・小規模事業者の経営者の2025年における年齢

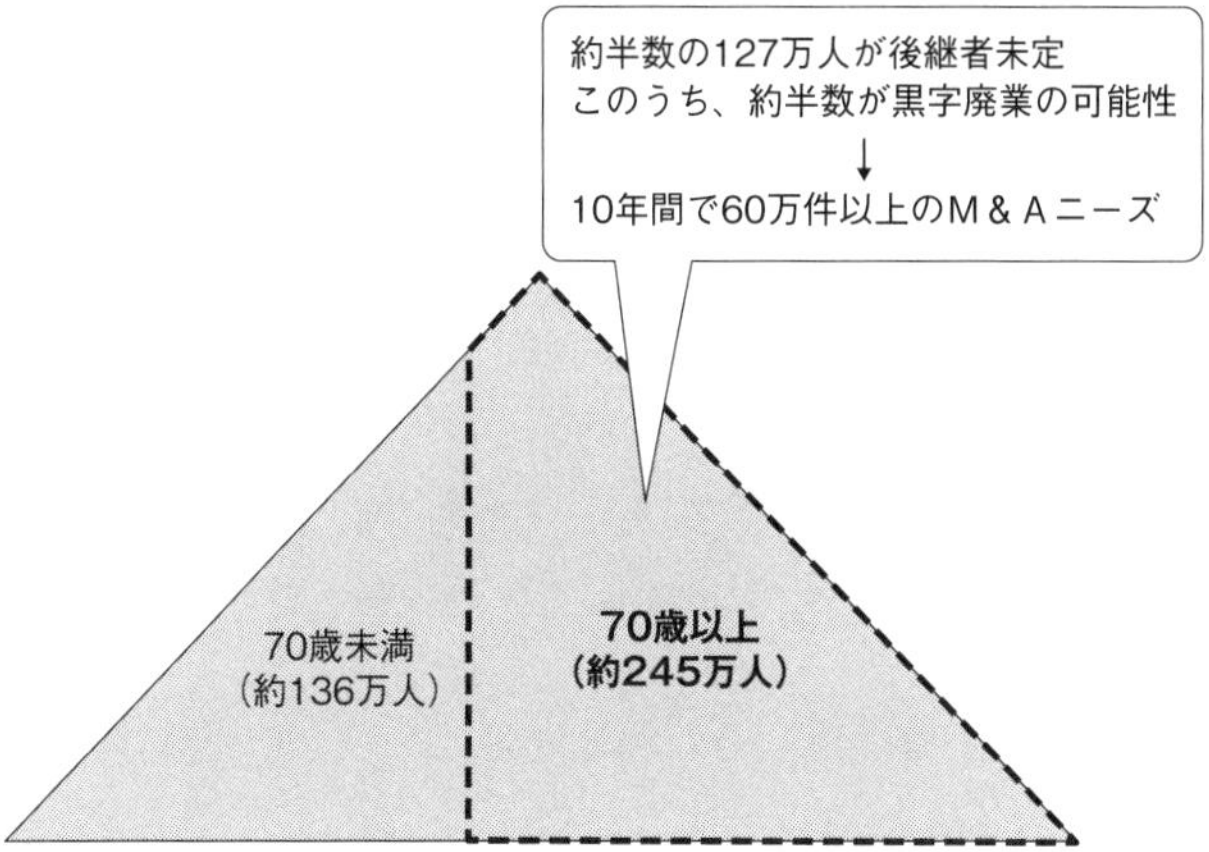
約半数の127万人が後継者未定
このうち、約半数が黒字廃業の可能性
↓
10年間で60万件以上のM＆Aニーズ
70歳未満
（約136万人）
70歳以上
（約245万人）

2016年度総務省「個人企業経済調査」、2016年度(株)帝国データバンクの企業概要ファイルから推計

出典：中小企業庁「中小企業・小規模事業者におけるM&Aの現状と課題」

という時代は終わりを迎えています。会社を存続させたいのであれば、時代に即した事業継承を行い、社会から求められる価値を提供し続ける必要があるのです。

時代に即した事業継承を行うためには、継ぐ側、継がせる側の双方が、足並みをそろえて意識を変える必要があります。継ぐ側も継がせる側も、時代が変わり社会から求められる価値が変化していることを理解せず、これまでどおりの事業に固執すれば、待っているのは倒産の二文字です。自社の強みを理解し、時代に求められる商品やサービスを提供しなければ、その悲劇を免れることはないと認識すべきなのです。

私の会社は、祖父が印鑑や石の販売、父がジュエリーの製造、私はジュエリーのメーカーと小売と、3代続けて別の事業に幅を広げてきました。それは結果的に良かったと思います。3代続いている会社であれば20~30年のスパンで新しい事業を行うことは自然なことです。それが私の会社の場合は、事業継承とタイミングが重なりました。

継がせる側も、時代に合わせて新しい事業に取り組まなければ生き残っていけないことは理解しているはずです。ただ、人は成功体験を得てしまうと、その危機感を忘れてしまいがちです。これまでうまくいったのだから変わらなくてもいいだろう、と保守的になってしまうのです。それが明確な成功体験でなくても、自分のやってきたことを自分で半ば否定することは難しいことです。

もちろん特許技術や、国から守られている免許を持った会社であれば話は別です。時代が変わっても社会から求められる価値が提供できるのなら、無理に変わらずそのまま継続すればいいのですが、普通の企業にはそうした永久保証のお墨付きはありません。自社の最新の商品が、いつユーザーに支持されなくなるのか、誰も予測できない時代でビジネス

［図 15］ 就任経緯別推移

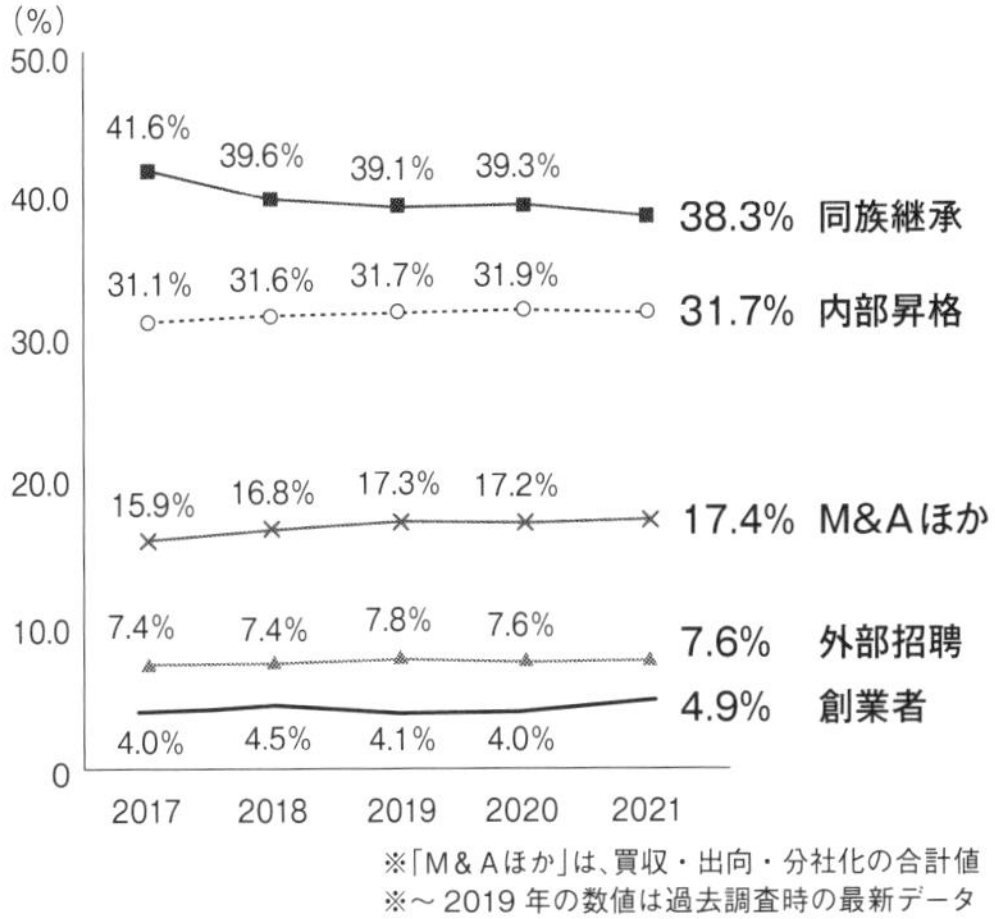

※「M＆Aほか」は、買収・出向・分社化の合計値
※～2019年の数値は過去調査時の最新データ

帝国データバンク「全国企業『後継者不在率』動向調査（2021年）」を基に作成

をしている以上、そうした時代の変化に置いていかれないように、日々新しい技術や、自社が置かれている状況に敏感にならざるを得ません。そうではなく、これまでどおりの事業で跡を継げという親から子へのコミュニケーションは、今の時代においてはもはや会社が存続しなくていいと言っているようなものです。

継ぐ側、継がせる側の双方が、自社が持っているリソースを使って新規事業をやるという決意を持ったうえで本気で事業継承をしたいのなら、親子関係とは切り離して、完全にビジネスと

［図 16］ 事業継承M＆A（公表ベース）件数推移

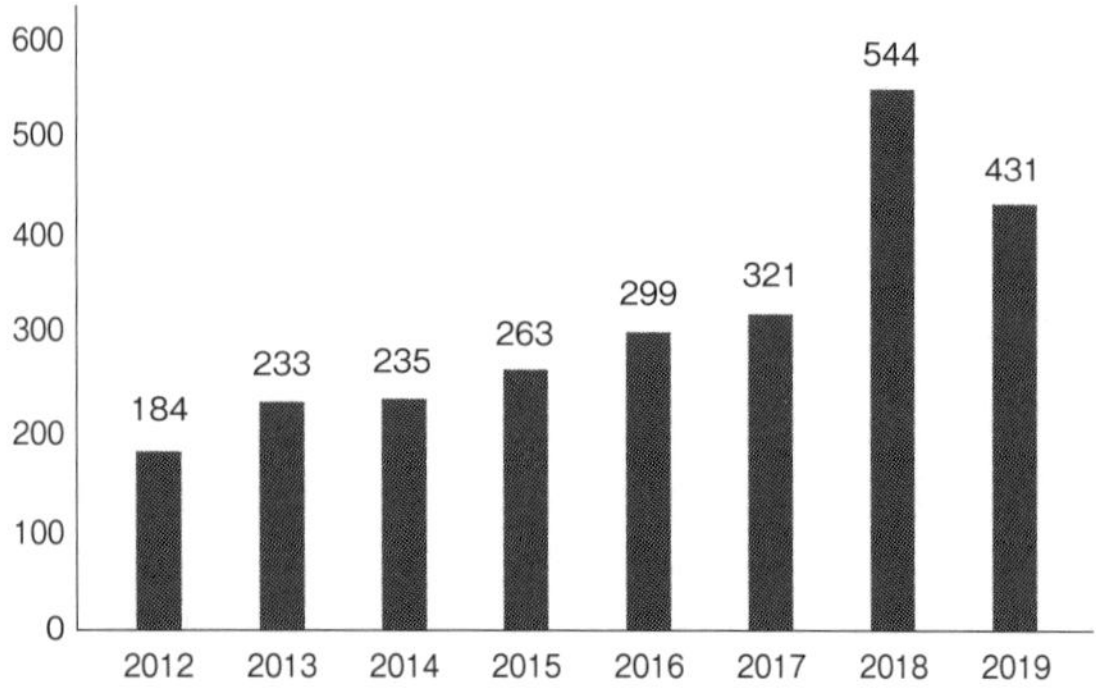

中小企業庁「中小企業・小規模事業者におけるM&Aの現状と課題」を基に作成

して行うべきです。親族でも場合によっては契約書を締結することも必要でしょう。ビジネスのやり取りだと思えば、不用意なもめ事は起こらないはずです。親族関係でもめ事を起こしてしまうと社員からの信用も失い、会社を傾かせかねない事態に陥る可能性もあります。

そうしたリスクが常に付きまとうためか、事業継承がますます困難になってきています。2021年に行われた帝国データバンクの「後継者不在率」動向調査によると、同族継承は2017年以降緩やかに減少し、40％を下回る割合になっています。

その代わりにM＆Aの割合が増加傾向にあることを考えると、同族での継承がいかに難しいかが分かります。

新しい事業を作るぞという意識がないのであれば、親から会社を継がないほうがよいくらいです。継がせる側も子どもに継がせれば安泰だという意識を捨て、新しい事業で成果を出すべきだという意識を持ち、また継ぐ側も新しい事業を生み出して成果を出し、先代と社員に認めてもらうという意気込みを持って、事業継承に取り組むべきです。

最初の社会人経験は別業界に限る

先代の跡を継いで事業を継承することがあらかじめ決まっている場合、最初の社会人経験をどこで行うかという問題が浮上します。選択肢は2系統あります。1つ目は自社か他社か。2つ目は同業種か他業種か。それぞれのメリット、デメリットを考えてみます。

1つ目の自社か他社かについてですが、最初から自社に入社するメリットとしては、自社の事業内容の理解や、自社内の人心把握、取引先との関係構築にいち早く着手できることが挙げられます。ずいぶん昔、例えば職業選択の自由がなかった江戸時代の商家の跡取りは皆このような修業の仕方だったに違いありません。現在でも、競合がいないような地域の独占企業では、最初から自社で社会人生活をスタートするケースが残っているようです。しかし、それだと先代のコピーにしかなれず、新しい時代に対応するための引き出しも、自分の中に作ることができません。一方で、他社で仕事を始めれば自社の社員や取引先との関係構築は後回しになりますが、どちらも流動的なものなので、長く付き合っていれば良い関係性が維持できるというわけでもありません。むしろ、マンネリや癒着など弊害もあります。それより、よその会社のやり方を学んでくる、つまりほかの家の釜の飯を食って初めて、自社の強みや劣っているところが分かります。そう考えると、第一段階は他社で仕事を覚えるのが良さそうです。

２つ目が同業種か他業種かです。１つ目の選択肢を踏まえれば、同業他社か他業他社かに、さらに選択肢は狭まります。同業他社のメリットは、自社と違う視点から業界内を見ることができるということです。例えば同じアパレル業界でも、ファストファッションブランドの会社の後継者がハイブランドの会社で数年間働けば、高いデザイン性やブランド構築のノウハウを学び、自社の経営に活かすことができるかもしれません。これなら、自社を客観的に見ることができますし、新しい知見を得ることができるので良さそうです。

しかし、同業他社での修業が通用していたのは一昔前、業種は同一で変わることはないと信じられていた時代までです。例えば、富士フイルムがフィルムを作らない会社になると予想していた人は少ないと思います。業種自体が存続の危機に陥ったら、そこで学んだ知識はほとんど役に立たなくなるのです。業態変更はフィルム業界だけの特殊事情ではありません。どの業種にも抜本的なパラダイム変換が起きる可能性があるのが、今という時代なのです。このような時代に、将来を担うべき後継者が仕事を覚えるのが同業で良いとはとても思えません。

そう考えると答えは一つ、「他業他社」で、業績を伸ばしている会社です。伸びている会社には理由があります。商材や組織、人事制度、社内体制、ＤＸの取り組みなど経営のやり方を学ぶことができます。ほかの業界を知ることで、先代の跡を継いだあとの取り組むべき新規事業を多角的な目線で検討することができます。また、伸びている会社であればその経営のあり方や社員の組織体制など会社の基盤を学ぶことができます。また、儲かっている会社には同じく儲かっている会社が集まってきます。そこで培った人脈は、必ずあとで自分を救ってくれます。それを踏まえて家業に目を向けたとき、何が足りていないのか気づくことができるのです。

私は大学を卒業後、ベンチャー三銃士と呼ばれていた南部靖之さんのもとで最先端の経営哲学を学びたいと思い、1998年に株式会社パソナに入社しました。私の場合は、事業を継承するために就職先を選んだわけではありません。その時その時の最善を選びました。その後さらなる成長を求めて、2000年に株式会社リクルートに転職しました。リクルートではマーケティングソリューションディビジョンに所属し、法人向けの営業を担当しました。法人企業に向けて販売促進を提案する業務です。当時、売れる仕組みづくりというテーマで、各企業に売れる仕組みを提案していました。具体的には、各企業の売上アップや業務効率を新しい営業方法で作り上げていく手法や、メールやWeb、携帯電話、FAX、チラシなどのツールを活用して販売促進や営業活動を提案する仕事をしていました。2002年、情報サイト「イサイズ」というリクルートのポータルサイトやMO-ON（ムーン）という携帯端末ASPを提供している時代でした。この「会社の強み」を、このようなユーザーにこのようなツールを使ってアプローチをしましょう」と提案をする仕事は、本書のテーマである自社の強みをどうやってユーザーに伝えるのか、どう差別化をしていくのかということに結びつきました。このときの経験が今の自分のベースになっていると思います。

このように、私は他業種の伸びている会社で働いてきたからこそ、継いだ時に自分の会社に何が足りていないかを判断することができ、先代とは別の付加価値を考えることができたと自負しています。自社や同じ業界のことしか知らないということは、自らの視野を狭め、経営者として会社を舵取りしていくうえでは、非常に大きなリスクとなってしまうのです。

まずは自分が動くこと

バトンを引き継ぐというと、何もせずに右から左にバトンを渡せば済むといった、安直なイメージを想像する人もいます。もちろん、一から会社を立ち上げた創業者に比べれば、その苦労は比ではないかもしれません。しかし、創業者は創業者の苦労があり、継承者は継承者の苦労があると考えます。

私は未経験ながら国内外のＥＣに早い段階で参入し、Facebook や Instagram 等も積極的に活用することで、それまで熟年層が多かったジュエリー業界において、若い顧客層の獲得に成功しました。そのため、企業のＤＸ導入に関する経営者向けセミナーの講師を請われることが多いのですが、参加者にはいつもこう言っています。「ＤＸでいちばん大事なＤはDigitalではなくDecision、決断です」。これは単なる語呂合わせではなく、どんな小さな企業変革でも、まずは社長が決断することから始まるという、自戒を込めた言葉なのです。

代々受け継いできた経営基盤を有し、経営ができる後継者であっても、日々の舵取り、すなわち決断には大きな責任を負います。もし今の会社の経営状況が良くないのであれば、それは自らの決断が良くなかったということです。つい、先代や先々代のやり方がまずかったからだと責任転嫁したくなりますが、社長は結果がすべてなのです。継いだ以上はすべて自分に責任があります。

そして、決断した以上、自ら動くことが肝心です。旗だけ振って、自分は安全なところで高みの見物では社員は動きません。私の地元、山梨の武将に武田信玄公がいますが、彼はさまざまな決断を行い、自ら行動した武将として知られています。信玄公は、甲斐国の統治にあたり、「甲州法度之次第」という分国法を制定しました。この法律は１５６カ条に及び、家臣や領民の権利、年貢の取り決めを細かく定めています。例えば、「喧嘩両成敗」という原則が日本で広く知られるようになったのは、この法度のおかげです。注目すべき点は、「内容によっては自らも覚悟をする」との規定があること。つまり、信玄公自身も法度に違反する可能性を想定し、自ら法の裁きを受ける覚悟があったことが分かります。このように、信玄公は厳しいルールを設けつつも、自らが模範となり法を順守する姿勢を示しました。これは、現代企業のコンプライアンスや内部統制にも通じる考え方です。リーダーがルールを守らなければ、部下の信頼は得られないからです。また、トップダウンで決断を下しても、ルールに基づく合理的な判断であれば、部下の心が離れることはないのです。しかし、ルールに縛られすぎては、進歩や発展は望めません。信玄公は、「渋柿を切って甘柿に変えるのは小心者のすること。大名としては、渋柿もそのまま役立てるべきだ」と述べています。これは、物事の一面的な見方にとらわれず、本質を見極め、ルールを柔軟に運用することで、正しい決断を下すことが重要だということです。信玄公の行動は、経営者に必要な決断と行動の重要性を今に伝えてくれています。

そうした教えとは正反対に、跡を継いだのにいつまでも自分で決断せず、動こうとしない経営者は、やがて社員から見放されます。その決断、その行動は、身近な社員がいちばんよく見ているからです。だから私も、何かを決めたらまず自分が動くことを心がけています。例えば、ＥＣもＳＮＳも、工場見学も、面白そうだと思ったことは、まず自分から率先して調べ、体験し、実感を得ることを大切にしています。「これ、やっておいて」と社員に丸投げするようなことでは、特に中小企業の経営はうまくいきません。信玄公のように自ら罰せられる覚悟を持てとまでは言いませんが、まずは自分が動くということをモットーに、日々の経営にあたることが経営者の心構えだと思います。

大事なのは方向性と権限委譲

自ら決めて、動くことは大切ですが、それを実行するためには、やはり権限委譲が必要です。登記上の代表権は委譲されても、実質的な代表者、つまりリーダーは先代社長のままという会社は少なくありません。そもそも継がせる側は、後継者に対して実質的な権限委譲をすべきなのですが、いざとなると未練のようなものが残ってしまうのか、無意識に院政を敷いてしまうこともあります。また、事業継承においては、どうしても継がせる側に主導権があります。いくら後継者側からこうしてほしい、ああしてほしいと思っても、そのとおりスムーズに進むことはそう多くありません。当然ながら、そうした不安定な状況にある後継者は、社員から見ても頼りないものです。リーダーが頼りないと思われることほど、組織を弱体化させる原因として強いものはないのです。

先代社長が安心して任せられる、社員が安心して船に乗ることができる。そうした状況を作るには、両者の不安を払拭することが第一です。その不安とは、社長にとっては自分が育てた会社、社員にとっては今身を委ねているこの会社が、この先どうなってしまうのかという一点に尽きます。もちろん、未来のことなど誰にも分かりません。それでも不安を解消するためには、後継者が会社の進んでいく方向性を見通し、はっきりと指し示すことが重要になります。

私は事業継承後、父の代から行っているジュエリーのOEMや製造卸業を基盤としつつも、ECや自社店舗での直販にシフトしていくという方向性をしっかりと社員に示しました。私が継いだ2004年は今ほど大きなデジタルシフトやゲームチェンジが起きていなかったので、父にデジタルシフトを理解してもらうのは大変でしたが、会社を良くしたいという認識はお互いに同じでした。その認識を共有して真正面から向き合い、真剣に議論し合いました。目指したい方向は同じでも、達成する方法は時代によって異なるのだと、デジタル時代について興味がない父でも分かるよう、丁寧に説明したのです。ITサービスの発展やDXが津々浦々にまで浸透している今のほうが、そうした意識の共有はしやすいはずです。新聞や経済誌の記事を見せて、「世の中はこんなふうに進んでいる。だからうちも変わらなくては」と言えば済むからです。

それでも親子である以上、感情抜きで議論をするのが難しくなる場合があります。私も何度かそうした事態に陥ることがありました。そのような場合は、私は活用しませんでしたがコンサルタントなど第三者の客観的な視点や意見を取り入れながら、議論を重ねることをすすめます。大切なのは方向性を共有することと、明確な権限委譲です。そのうえで、未来のビジョンを社内に指し示すこと。これが後継者がすべきことと考えます。

自分の代で企業価値をどれくらい上げられるか

私が会社を引き継いだ時に感じたのは、会社にとっては売上や利益だけでなく、企業価値もとても重要だということです。社内外から良い会社であると判断されることは、売上や利益以上に大事なことです。なぜなら、それが未来の売上や利益につながるからです。地場産業として地域に根ざした会社であればなおさらです。経営者の仕事の一つには、会社の価値を上げることも含まれると私は思っています。

経営者になった以上、いつかは株式を上場させたいという夢を抱く経営者は多くいます。しかし、上場以外でも企業の存在価値を高め、社員がその企業で働くことに誇りが持てる会社に発展させ続けることも選択肢の一つだと私は考えます。とはいえ、企業価値の判断基準は、時代とともに変わっていきます。インバウンド需要が伸びていればインバウンド消費に力を入れる企業の価値が上がり、ＳＤＧｓが注目されれば二酸化炭素排出量削減に向けた対策を講じている企業の価値が上がります。また、70歳以上の雇用やワークライフバランス、リモートワークなどの働き方対策が注目されれば、そこに対応している企業は価値が上がり、求職者を集めやすくなります。つまり、経営の基本となる企業価値を高めるためにも、時代の流れ、すなわちトレンドを読むことは非常に重要なのです。

その取り組みは、会社を継いだ瞬間から始めるべきです。なぜなら、継いだら終わりで

［図 17］　海外向け EC で人気の「SAMURAI RING」シリーズ

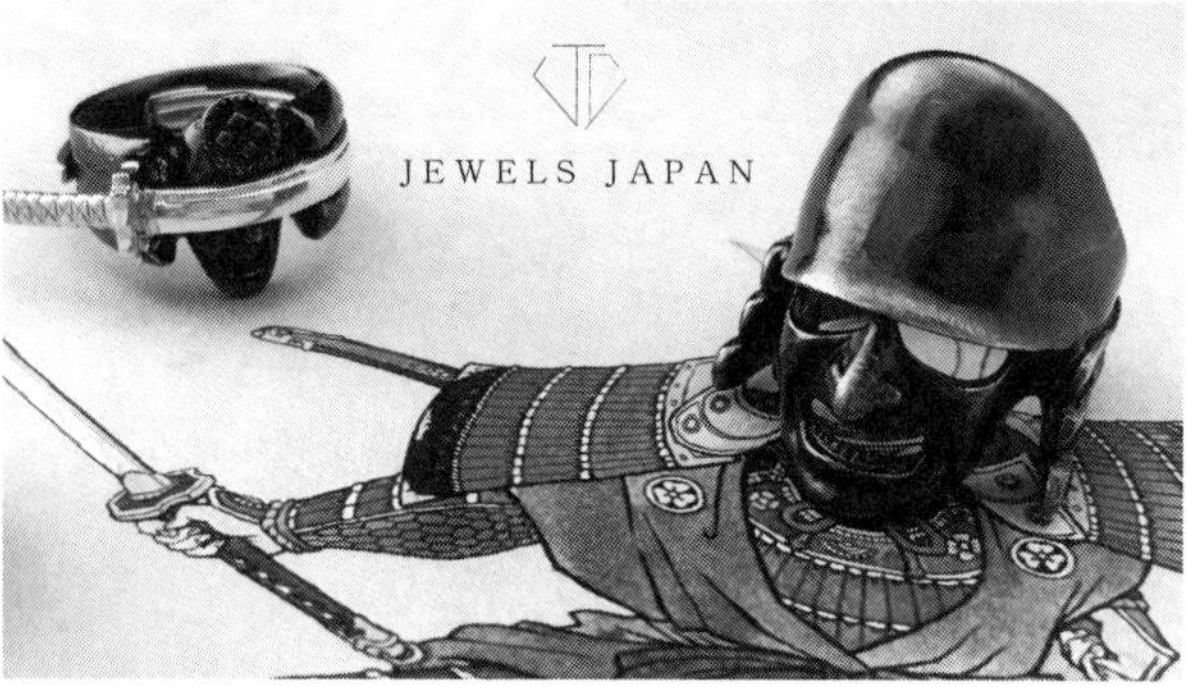

はなく、次の世代に継がせることも経営者の宿命だからです。次の世代というのは、自分の子どもだけに限らず第三者も含めて次の世代としています。そのための施策の一つがキーワードアウト経営なのです。それをより効果的に行うためには、日々トレンドを追うことに加え、イノベーションを生み出しやすい土壌を作っておく必要があります。

具体的には、新しい技術を持った人材の採用を積極的に行うことです。私の会社では、海外ECの拡大に力を入れています。自社で海外に向けたECサイトを運営し、約6割がアメリカ、カナダからの購入です。特に人気なのは、日本文化をモチーフにデザインした指輪「SAMURAI RING

（サムライリング）」シリーズです。そのほか、漢字をモチーフにした「KANJI RING」も好評です。なお、海外向けECサイトの平均顧客単価は約3万円で、Instagram経由の流入が8割を占めます。こうした状況に対応するには、新しい感性と新しいスキルを身につけた人材を確保しなければなりません。

今後、アジアの人口が増加することを考えて、現地での海外採用も視野に入れていきます。それは近い将来、会社にとって非常に大きな財産になるはずです。私の次の4代目が会社のリソースを使ってどのような事業をするのかは自由ですが、選択肢を増やしておくことは3代目である私の使命だと考えています。

本業にとらわれず自分が学んだことを横展開する

会社は生き物です。それを十分に理解して、時代の変化に合わせて対応できるしなやかで強靭な会社を作っていく必要があります。時代の変化に対応できる会社を作るためには、タテ軸となる本業の価値を理解して、ヨコ軸となるトレンドを会社のコアの部分に連携させていくことが重要です。

その軸を見つける際には、「会社が生き残っているということはすでに社会から評価されている」ということを改めて思い返すことです。そのうえで、自社のコアになっている技術などに目を向け、それができたら、あとは横展開していくだけです。会社がこれまでやってきた事業、自分が持っている強みとスキル、トレンドを掛け合わせて自由に横展開したら、しっかりメディアにも発信することで、成果につなげることができます。

本業を通して学んだことや社員が身につけたノウハウを横展開することは、実はリスクヘッジにもなります。変化の激しい時代は、ジュエリービジネスだけの展開は、リスクになる可能性があります。地金やダイヤモンドの価格が高騰したり、産出国が戦争を始めたりすればジュエリーを作り続けることが難しくなる可能性もあります。一つのビジネスに頼り切ることは大きなリスクなのです。だからこそ私の会社では、社員にさまざまなノウハウを蓄積してもらい、ジュエリーという有形ビジネスの商品と無形ビジネスのサービスとの両輪で価値を生み出せるような体制をとっています。そうした先のリスクを見通した施策を行うのは経営者だと考え、行動すべき時代に来ています。

横展開だけが重要ではありません。これまでやってきた事業をさらに縦方向に積み上げていくこともちろん大切です。私の会社でも、ジュエリーの関連事業はトレンドとは別の軸で継続し、伸ばしていく考えです。それが縦にどんどん伸びて、幹が太くなれば、横に展開して枝葉を伸ばしていきます。そのようにして、会社という樹木を伸ばしていくことで、売上利益も伸ばしつつ、会社を次世代に渡したあとのリスクヘッジへとつながるのです。

大切なものはしっかりと発信していく

取り組む事業については、世の中に発信することが重要です。発信するとは、しっかりと文面でリリースを出すことです。そのリリースを出すことで、Ｗｅｂサイトに掲載され、ニュースになって情報が伝わり、取引先、社員、業界に興味のある人など、さまざまな人に伝わります。それによりいくつものビジネスや採用、コラボが生まれ、新しい事業が生まれるのです。スタートアップ支援でリリースすることにより、ファンドからはもちろん全国のジュエリーに携わる人、興味がある人に伝わり、ラッキーアンドカンパニーという面白い会社があるなと、問い合わせをしてくれました。また、応募者も100人近くになり、その後もOEMや卸の相談、異業種からの新規事業の相談も増えました。さまざまな分野に影響を与えることができたのです。また、社会に向けて発信することは、社内外に対しての「宣言」という意味を持ちます。私の会社の場合、何かをリリースするたびに山梨県内の新聞の経済面トップに掲載されたり、日経新聞や日経MJに掲載されたりしています。記者はいつも新しい事業など新しいことを探しているからニュースに取り上げてくれるのです。新しい事業を発信し続けることが、企業価値を上げ、社員意識を変えていくのです。

メディアから次々と新しい試みをしている会社と認識してもらい、たびたび報道されることで、同業他社からも新しいことをしている会社と認識され始めました。取引をしたこともない同業他社から、ECサイトの相談をしたいといきなり連絡がくることもあります。メディアで発信することがネットワーキングとなり、次のビジネスのきっかけになっているのです。

なぜこれほどまでに多くの記事がメディアに掲載されているかといえば、新しいことをしているからにほかなりません。単にジュエリー会社が店舗をオープンしましたではトップの記事にはなりません。しかし、ジュエリー会社がECサイトやSNS運用のコンサルティングをやるのであれば記事になります。同業他社がやっていない新規事業は、それだけでニュースになるのです。

これは逆に言うと、新しい事業を立ち上げてもPRをしなければ意味がないということになります。メディアに向けた広報活動はもちろん、今はSNSでの発信、広告運用、Google検索に対応したSEO対策も必要です。SEOは検索されたとき、その検索ワードが上位に来るようにする方策です。例えば私の会社の場合、事業継承やDXというワードで検索されたときに見つけてもらえるように、PR TIMESでプレスリリースを出したり、Webメディアに掲載してもらったり、自社でコンテンツを作成したりすることを積極的に行っています。

自社のターゲットが20代、30代であれば、その年代に適したSNSでの発信や広告運用にも積極的に資本投資しなければなりません。もちろん、シニア層や法人などへのアプローチも大事で、その場合は昔ながらのオールドメディア、つまり新聞への掲載やCM放送も効果的です。新聞に掲載されたり、CMで放送されたりすることの社会的意義は絶大だからです。いまだに新聞に載ったりテレビで放送されたりすると「見ましたよ」と言ってくれる人はたくさんいます。さらに、それを見た社員の家族や知り合いが誇らしい気持ちになってくれれば、社員のコミットメントを高められて一石二鳥です。

企業価値を高めてバイアウトしてDNAを残すのもアリ

私が考える会社のDNAとは、一言で言うのは難しいのですが、「会社の根底に流れる行動指針」のことです。どの年代においても、その行動指針に沿って同じ方向に向かっていける社員がそろっている状態であることが、経営者にとってはとても大事なことです。理想はそれが代々引き継がれていき、やがて経営理念として確立していくことです。

私の会社の場合、新しいことを取り入れて挑戦する会社であるということがDNAです。そのことを継承以前からいる社員に理解してもらうだけでなく、未来の仲間となる新入社員の採用面接の時点でも、しっかり伝えています。ものづくりだけをやりたいとか、デザイナーだけをやりたいという人は向いていないとはっきり伝えて、採用する側、働く側、それぞれにミスマッチが起こらないよう気をつけています。

このように会社のＤＮＡを伝え理解できる人に絞って採用活動を続けていくと、いつか会社のＤＮＡを持った社員だけが残ります。そうなれば、その会社は強靭です。

会社が進んでいきたい方向は、ミッションポリシーとして明文化するのもおすすめです。明文化したミッションが社員に浸透するようコミュニケーションをとり、採用活動においても役立てていくことが必要です。会社のＤＮＡを持った社員がそろっていて、一丸となって目標に進むことができれば、当然ながら売上、利益、企業価値は増していくはずです。

そのうえで、自社をバイアウトする可能性も視野に入れておくべきです。なぜなら、せっかく磨き上げた会社のＤＮＡも、事業継承がうまくいかなければ消滅してしまうからです。ふさわしい後継者を自分で見つけられないからと安易に潰してしまう経営者は多いですが、それは公私混同です。潰すくらいなら、バイアウトをしてでも会社のＤＮＡを残すべきです。

自社は売上や利益が少ないからＭ＆Ａをしても意味がないと早合点する経営者は多いの

ですが、少しでも利益があるのであれば、それは社会に価値を提供しているということです。売上や利益以外の部分、流通や人脈、社員のスキルなどに、他の企業にはない強みがあるかもしれません。会社を潰してその強みを失ってしまうのはもったいない話です。

だからこそ、経営者が気づいていない強みや価値がある可能性を秘めていることを前提として、売却することも一つの方法なのです。内側から見ているだけでは分からなくても、外から見たら魅力ある部分があるかもしれません。コンサルタントなど外部の専門家に頼るべきところは頼り、まずは自社の強みを理解するところから始めてみてください。

自分の代で終わらせない

人はなぜ会社を経営しようと思うのでしょう。特に、後継者はなぜ会社を継ごうと決意するのか。私はもともと会社を継ごうとは考えていませんでしたが、社会人経験を積むに伴い、一つの会社が長く続くことの価値の大きさに気づいたのです。

いま、1年間に倒産している企業件数は、東京商工リサーチが2022年に調べた結果、6428件（負債1000万円以上）でした。そのうち、創業年月が不明の779

［図 18］ 倒産企業の平均寿命と業歴別件数の構成比較

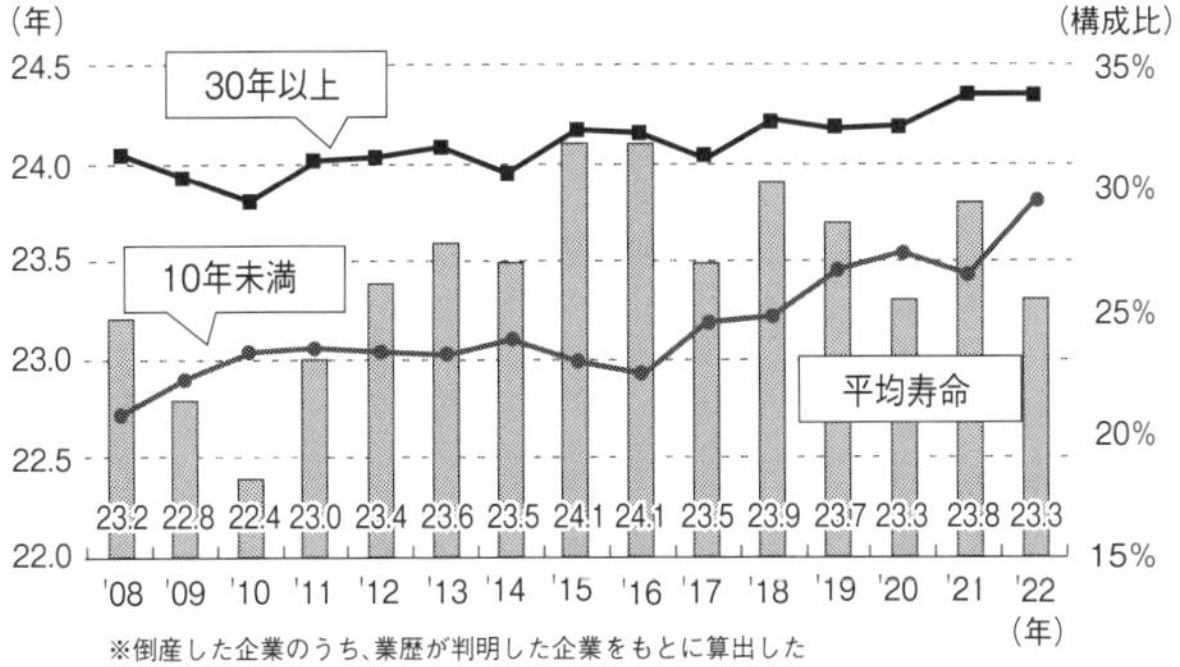

出典：東京商工リサーチ「平均寿命 23.3 年 ～ 2022 年 業歴 30 年以上『老舗』企業の倒産～」

件を除く5649件の平均会社寿命を分析したところ、日本企業の平均寿命は「23・3年」だということが分かりました。これは、前年2021年の「23・8年」よりも、半年ほど寿命が短くなっていることを示します。倒産した企業の内訳を見ると、業歴30年以上の「老舗」は33・7％（前年33・8％）、それより短い10年未満の「新興」も29・6％を占め過去最高を記録しています。つまり、会社を苦労して起こしても、3割超が30年持たず、3割弱が10年持たないという、厳しい現実があるのです。そうした状況で創業30年を超えるのは、ほとんど奇跡といえます。

運良く節目の30年を乗り越えたとしても、後継者がいなければそこで会社の歴史はついえてしまいます。会社を長く続けることは、どんなに優秀な経営者でも一人ではできません。まさに、会社の命をつないでいくバトンリレーといえます。

そのリレーをつなぐ一人となった後継者には、自ずと次の代にバトンを引き渡すという責任がのしかかります。もちろん、自分の代で潰してしまっていいやと思ってわざわざ継ぐ人はあまりいないでしょうが、早い段階で次の世代に引き継ぐための具体的な方策を考えておくべきです。

私は会社を継ぐと決めてから、自社の従業員を路頭に迷わせないために、売上をどう上げるか、どうすれば無駄なコストを下げられるか、そして会社を永続的に続けていくためにはどうすればよいのかということを、ずっと考えてきました。試行錯誤は今も続いていますが、一つの結論として導き出したのが「企業価値」を高めるということです。

企業価値というのは、素直に考えれば文字どおり企業の価値という意味ですが、何に対して価値があるかということが大事です。経営者にとって、取引先にとって、社員にとって、あるいはその家族にとってであることはもちろんですが、会社の存続ということを第一に考えると、一番は社会に対する価値です。世間から必要とされているのか、存続してもよいと人々から思われているか。つまり、社会的価値が見いだせないのであれば、事業を継承する以前に生き残れません。やがて市場から自然淘汰されてしまうからです。自社の社会的価値が明確に描けないのであれば、経営者は今すぐその座から降りるべきです。

しかし、後継者にとって大きなアドバンテージといえるのが、代々続いていること自体が、社会的価値を認められている証拠になるということです。社会的価値があるから、代々続いているのです。重要なのは社会から必要とされている会社であることではなく、社会から必要とされる事業を行っているということです。

例えば、日本橋で100年以上続く老舗企業「にんべん」は、歴史が古いというだけでなく、伝統を基盤としながら今の時代にあった新しい事業を積極的に行っています。今の消費者にも必要だと認められているからこそ、潰れることなく社歴を重ね続けられているのです。そうした一流の老舗企業ほど、日々小さな改善を繰り返しています。会社は変わらなくても、事業は常に変わり続けているのです。

つまり、自分の代で会社を終わらせないためには、世の中から必要とされる事業をいかに打ち出し続けられるかということが重要です。そうすればいつの時代でも色あせない輝かしい企業価値を手に入れることになり、さらには次の代に安心してバトンを引き継ぐことにつながるのです。

会社は親子だけでやっているのではない

同族経営を長年続けている企業の場合、いつのまにか会社は親子のものという意識が強くなりがちです。会社は私物化してよいものではありません。そして社員は経営者の駒ではありません。経営はビジネスであることをきちんと認識し、親子関係とは切り分けて考えるべきです。事業を受け継ぐ際も、そこはしっかりと考えておかないと道を踏み外します。社員や取引先があって会社が成り立っていることを考え続けられる人物が継承しないと、企業を存続させていくことは難しいのです。

私は父に対して、「継ぐからには権限委譲をしてほしい、そうでなければ継がない」とはっきり伝えました。それを納得してもらうためには、父が安心して任せられるよう、いち早く結果やビジネススキルを身につける必要があると感じました。そして、実際に結果を出したことにより、父は安心して私に全事業の権限を譲り渡してくれたのです。

そのように、会社の事業を長く続けていくためには、後継者という立場に甘えずスキルを磨き、先代が安心して任せられるような結果を見せることで、お互いにとってより良い事業継承を行うことが肝心なのです。

会社は世の中から価値を感じてもらえることで成り立っています。逆を言えば、会社が地域経済を支え、雇用を支えているという側面もあります。会社の存在価値の一つとして、社会貢献、地域貢献があります。そこを理解していれば、会社の私物化にはつながらないはずです。社会に価値を提供して、求められることで存在できるという公共性が会社にはあるのです。

その公共性を理解して、会社を発展させ、地域の雇用や価値を支えるためにも事業を伸ばしていくという気概が経営者には必要です。そして、存在し続けるためには、売上や利益を伸ばし、成長させるということが最低条件となります。個人でいくらでも億単位の金が稼げる時代に、なぜ自分は会社の経営という面倒なことをしているのか、そこまでして会社を存在させる必要があるのか。その問いの答えこそが、会社は親族だけでやっているのではないという理由につながります。

本業をしっかりやっているから新規事業も評価される

新規事業を積極的に打ち出すことは非常に大事なのですが、そもそもその会社が行ってきた本業と新しい事業は表裏一体の間柄です。本業がしっかりしているからこそ、新しい事業に打ち込めます。まずは本業で売上と利益をしっかり出し、他社に誇れる強みやスキルは何かを考え、新しいビジネスに取り組むことが重要です。

本業とは、いうまでもなく会社の柱となる事業のことです。会社が世の中に提供している価値の一番コアとなる部分でもあります。私の会社の場合は、当然ながらジュエリー製造がそれにあたります。本業から派生するビジネスや、本業に関する自社のノウハウを育てていくことが、キーワードアウト経営の基本となります。

ただし、売上を最も上げている事業でなければ本業と呼べないのかといえば、そうではありません。そもそも時代とともに本業が変わることもあります。例えば富士フイルムは、すでにフィルム事業がメインの稼ぎ頭ではなくなっています。ほとんど消失してしまったといってもよいほどです。それでも、社名から「フイルム」という4文字を取らないのは、それこそが本業だと思っているからだと私は思います。たとえ実態がなくなっても会社の魂として存在し続ける。本業とはそういうものです。同社は本業という礎があるからこそ、化学事業などでも評価されているのです。

だからこそ、本業も新規事業も両方頑張っている会社として世間から認められるようにならなくてはいけません。本業がうまくいかないから新規事業をやるというのでは本末転倒です。今ある事業にもしっかり取り組んで、ある程度の結果を出す。きちんと本業で社会に価値を提供している会社でないと、既存社員や取引先から信頼してもらうことも難しくなってしまいます。本業をそっちのけで新規事業をやっているようでは、その新規事業もうまくいくはずがありません。

本業はいうなれば、会社という大きな木の根っこです。本業できちんと根を張り、会社の価値や社員のスキルなどの強みを養分にして幹を伸ばしていく。そして、トレンドという日の光を浴びながら枝葉を伸ばし、新規事業で身につけたノウハウを横展開していく。すべてつながっているのです。

まずは本業で評価されて、評価された理由を理解して横展開していくことを念頭に置いてみてください。それが連動性を生み、意味のある新規事業になるのです。その連動性を生み出すためには、内製化して社員にノウハウをため、新規事業を生み出しやすい体制を作っていく必要があります。その際の柱となるのが、キーワードアウト経営なのです。

すべてのステークホルダーがハッピーになるために

会社とは何か。私はその問いに対する答えは、社員や取引先などのステークホルダーを含めたすべての「人」の集合体のことだと思っています。その集合体が提供する社会価値も、時代だけでなく、そうした人の営みによっても変わっていきます。まさに、会社は生き物なのです。

だから改めて、会社とは経営者だけのものではないということを強調したいと思います。そして、自分が経営して結果を残せないのであれば、すぐに退くべきです。私も偉そうにこのような本を書いていますが、結果を出しているから許されることだと認識しています。売上を上げていない、利益を出せていない社長に、何も言う資格はありません。

もし覚悟を決めて社長の座を降りる場合、必ずしも子どもや親族に譲る道だけが最善ではありません。違う会社と組んだほうがうまくいくのであれば、合併したり、売却したりする方法もあります。そのようなことを経営者仲間に話すと、皆、怪訝《けげん》な顔をします。魂まで売り渡すのか？と言わんばかりです。しかしそうではありません。中途半端な経営で常に不安定な状態で会社を続け、そのポテンシャルを発揮できないでいるのであれば、むしろその能力を持った経営者や会社に委ねることも、公器を扱う経営者としては重要な判断です。同族で引き継いでいくことを最大の目的とせず、会社の企業価値を最大にしていくことがすべてのステークホルダーがハッピーになるうえで重要なことだと、改めて理解すべきです。

そのためにも、会社の価値を常に高くしておくことが経営者に求められる最重要課題です。課題を乗り越えていくため何ができるのか、自社の強みは何で、どんなキーワードと掛け合わせれば新しいシナジーが生まれるのか、世の中から注目されるのか、そして、誰のために会社が存在しているのか、地域社会や業界、社員にとっての会社の価値はどこにあるのか――経営者は常に「頭で汗」をかき続けなければならないのです。

おわりに

人口減少による働き手不足、後継者不足、倒産などのネガティブ要因が重なり、日本全体の活力が失われてしまったといわれて久しく経ちます。そうしたなかでも、我々経営者は歯を食いしばってここまで耐えてきました。しかし、その歩みを止めるわけにはいきません。

失われた30年が終わりに近づき、21世紀になってからは時代の変化がより顕著になっています。特に、ＧＡＦＡがこの20年で急速に成長したのは、革新的なテクノロジーの導入や顧客志向のサービス提供を行い、そしてビッグデータをうまく活用してきたからです。しかし、これまで著しい成長を遂げてきたＧＡＦＡでさえも、油断はできません。経営者はこれまで以上に時代の変化に敏感である必要があります。技術革新やデジタル化の進展、環境への配慮など、多岐にわたる要因に迅速に対応しなければならないのです。

会社経営とは常に成長し続けることを宿命づけられた終わりなきレースです。21世紀の半ばに向け、各企業がさらに成長するためには、経営者一人ひとりが今まで以上に「頭で汗をかく」必要があると私は考えます。

その一方で、コロナ禍以降に存在している企業の経営者であることを誇りに思うべきです。１０００万円でも２０００万円でも売上があるということは、それは社会になんらかの価値を提供している企業であるということを示しているからです。だから、改めて自分のやっていることには価値があるのだと自覚してほしい。そのうえで、自社が持つ強みや価値をしっかりと理解し、一人ひとりの経営者がしっかりと前に向かって歩き続けていけば、その会社だけでなく、日本全体がもっと良くなるはずです。

ただし、日本の社会問題として目の前には一つの大きな課題が横たわっています。それが後継者問題です。いま、多くの企業が後継者不足によって廃業を余儀なくされています。日本社会を活性化させるのが一つひとつの会社であるとしたら、その肝心の会社が減ってしまっては意味がありません。しかし、会社は生き物であり、ステークホルダー全体を巻き込んだ公共物です。だからこそ自分の代だけ儲ければそれでいいという考えは捨てるべきです。今の時代、次の世代、その次の世代まで続いていくことを踏まえたうえで、今自分が何をすべきかを考えることが必要です。

そのためには会社経営を、より高い視座から見ることが必要になります。特に事業継承者は、会社を俯瞰して見るべきです。会社が3代続いているということは、その会社が100年近くもの間、社会から必要とされているということです。そこに至るまでには、絶え間ない変化があったはずです。100年近くも同じ事業で同じように売上・利益を上げ続けることはそう簡単ではないのです。そのように歴代の経営者が積み上げた土台の上に今自分は立っている。そこをしっかりと理解して、新規事業に挑戦してほしいと思います。それが次の世代にバトンを渡せるかどうかの分かれ道です。

私の会社は1937年に創業し、1代目は印章や石を売る商社を経営しました。2代目の父の代でジュエリーを扱うメーカーへと事業転換しました。そして3代目の私が、ジュエリーのメーカーから販売も行う小売業へのシフトチェンジを行ったのです。

このように、代々にわたって業態を変化させてきたことが、結果的に87年にわたり会社を継続できたのです。時代ごとに変化してきたことが生き残っている理由です。今ならはっきり言うことができます。なぜなら、同じ事業で100年も売上を上げ続けるのは非常に難しいからです。くしくも私の会社と同じ創業年であるトヨタ自動車ですら、100

年間エンジン式の自動車だけを作り続けることは不可能でした。日本を代表する世界的企業ですらそうなのです。そうした現実に気づかず、既存の事業のみ考え新しい事業への挑戦を行わなかったがために、会社を潰してしまった後継者は大勢います。

会社を存続させるには、とにかく新しい事業を生み出し、時代の変化に合わせて会社をアップデートさせていかなければなりません。だからこそ、仕事や事業、役職を引き継ぐだけの既存の継承ではなく、権利や財産のみを引き継ぎ、事業は新しく自分が生み出して次につなげていくという新しいスタイルの継承を行うという意識づけと覚悟が必要です。

もちろん、単に新しい事業を立ち上げればよいというわけではありません。会社が代々続いてきたということは、少なくともそれまで社会から存在価値を認められ、社会に対しても良い影響を与えてきたという証しです。これからも良い会社として社会から評価され続けなければならないということを後継者は肝に銘じて日々行動すべきです。

なお、社会的に見て良い会社というのは、ほかの会社からも高い評価を受けます。それはM&Aといったことを検討するときに大いに役立ちます。だからこそ、会社の価値を高めることが大切なのです。社会から良い会社として評価されることを目指して、継ぐ側と継がせる側が覚悟を決めて、新規事業を立ち上げる――これが事業継承の王道のスタイルだと私は考えます。

この王道スタイルを貫くための方策として紹介してきたのが、この本の主題であるキーワードアウト経営です。これは売上・利益を上げるだけのメソッドではありません。自社の強みとトレンドを組み合わせて新規事業を生み出し、「企業価値」を高めることが目的なのです。

そのために、まずは自社の強みを理解し、会社がこれまで社会に提供してきた存在感のコアの部分を理解します。そのうえで、時代の流れや時代に求められていることを取り入れながら、会社を変えていくのです。私の座右の銘である「従流志不変」という言葉のとおり、会社や自分が持つ志を変えずに、柔軟に社会の変化を取り入れながら会社を変えていくこと。そして時代に流されるのではなく、会社のコアは大切にしながら、横展開していくことがキーワードアウト経営の核となります。

しかし、実践するのは簡単なことではありません。デジタル技術は日進月歩で発展し、ビジネスモデルの変化のスピードもますます速くなっています。この変化のスピードに合わせて企業も変化しなければなりません。それに果たして追いつけるのか。実践してみると、改めてその大変さが分かるでしょう。気をつけなければならないのが、単に流行を追いかけてしまうことです。はやっているからとりあえずやってみようという見切り発車では、やがて立ち行かなくなります。キーワードアウト経営は単に新しいことをやればよいというものではないのです。

経営の舵取りに迷ったときに、正しい道に引き戻してくれるのが、会社のＤＮＡです。会社のＤＮＡとはいつの時代も変わらない行動指針のことです。自社にとって会社のＤＮＡとは何なのか。会社がこれまで生き残っているということは、会社が社会に提供してきた価値が必ずあるということです。特に地域に根ざした企業なら、その会社が存在するだけで地域の経済や雇用を支えていることもあります。そこをまず忘れないでほしいと思います。そのうえで、なぜこの会社は社会のインフラとして求められる存在になれているのか。そこにはどんな価値や強みがあるのか。ではそれを引き継いで、さらに良くしていくにはどうすればよいのか。そうした思考のうえでトレンドを掛け合わせることが、正しいキーワードアウト経営のあり方です。

経営者が最終目標とすべきなのは「企業価値」を上げることです。企業価値を上げるためには、新しいことをやり続け、売上を上げ、利益を出し、社会から良い会社と認識されることが必須です。自社の強みを保ちながら、新しいことを取り入れないと生き残れない、会社を強くすることはできないと理解すべきです。新しいことを取り入れるためには、自社のリソースを最大限利用できる方法を考える必要があります。先代と先代からのベテラン社員、既存事業をリスペクトしたうえで事業を継承し、その価値を最大限活かしながら、自分の強みとトレンドを掛け合わせて新規事業を起こす。そこで蓄えたノウハウを強みとしてさらに横展開して新規事業を起こす。そうやって会社は強くなっていくのです。

ただし、経営者自身が「自社に強みがない」と思い込んでしまえば、スタート地点にも立てません。まずは自信を持つことです。どんな会社にも必ず強みがあります。この本を読み終わったら、すぐに自社の強みの棚卸しをやってください。

スタートアップ企業への支援が今拡充されています。これは新しいことに挑戦する企業が期待されている証拠です。新規で立ち上がった企業だけがスタートアップ企業ではありません。創業87年の弊社でさえ、新しい企業をグループ企業として創業することができるのです。「うちは古い企業だから新しいことには関係ない」と思うのでなく、「代々受け継いできた経営基盤があるからこそ新しいことを行う価値がある」と信じて、挑戦をしてください。

皆さんの挑戦が、キーワードアウト経営を通じて成功することを心から願っています。

株式会社ラッキーアンドカンパニー
代表取締役 望月直樹

望月直樹（もちづき　なおき）
株式会社ラッキーアンドカンパニー代表取締役社長。1975年生まれ。株式会社パソナを経て、株式会社リクルートにて勤務したのち、すぐに社長に就任することを条件に2004年ラッキー商会（現在社名変更）に入社、入社3カ月後に現職。19年連続黒字、ジュエリー業界というキャッシュアウトの激しい業界でキャッシュフロー経営を行い、無借金経営を実行している。早稲田大学大学院修了。趣味はゴルフ、トライアスロン。2020年から2023年まで一般社団法人日本ジュエリー協会 副会長。

本書についての
ご意見・ご感想はコチラ

キーワードアウト経営

二〇二四年四月一九日　第一刷発行

著　者　望月直樹
発行人　久保田貴幸
発行元　株式会社　幻冬舎メディアコンサルティング
〒一五一-〇〇五一　東京都渋谷区千駄ヶ谷四-九-七
電話　〇三-五四一一-六四四〇（編集）
発売元　株式会社　幻冬舎
〒一五一-〇〇五一　東京都渋谷区千駄ヶ谷四-九-七
電話　〇三-五四一一-六二二二（営業）
印刷・製本　中央精版印刷株式会社
装　丁　弓田和則

検印廃止
© NAOKI MOCHIZUKI, GENTOSHA MEDIA CONSULTING 2024
Printed in Japan　ISBN 978-4-344-94774-0　C0034
幻冬舎メディアコンサルティングHP　https://www.gentosha-mc.com/
※落丁本、乱丁本は購入書店を明記のうえ、小社宛にお送りください。送料小社負担にてお取替えいたします。
※本書の一部あるいは全部を、著作者の承諾を得ずに無断で複写・複製することは禁じられています。
定価はカバーに表示してあります。